Carlson Wade
Bienen-Power

Carlson Wade

Bienen-Power

Gesundheit aus dem Bienenstock

Honig · Pollen · Propolis · Gelée Royale

Ehrenwirth

Die Deutsche Bibliothek – CIP-Einheitsaufnahme

Wade, Carlson:
Bienen-Power: Gesundheit aus dem Bienenstock; Honig, Pollen, Propolis, Gelée royale/Carlson Wade. [Aus dem Amerikan. von Friederike Tribukait]. – München: Ehrenwirth, 1994
Einheitssacht.: Health from the hive <dt.>
ISBN 3-431-03340-7

Aus dem Amerikanischen von Friederike Tribukait / AMS Autoren- und Medienservice

Die Originalausgabe erschien 1992 unter dem Titel *Health from the Hive* bei Keats Publishing, Inc., New Canaan, Connecticut, USA

ISBN 3-431-03340-7

Satz: Utesch Satztechnik GmbH, Hamburg
Druck: Landesverlag, Linz
Printed in Austria 1994

Inhalt

Einleitung

1 Honig

2 Pollen

3 Propolis

4 Gelée Royale

Schlußwort

Einleitung

Der Bienenstock – Quelle der Jugend und Gesundheit!
Schon seit Urzeiten ist die Arbeit der Biene ein wichtiger Baustein für das Leben fast aller anderen Lebewesen dieser Erde. Denn indem sie Pollen sammelt, um sich und den ganzen Bienenstaat zu ernähren, befruchtet die Biene gleichzeitig auf dem Weg von Blüte zu Blüte unzählige Pflanzen. Das wußten bereits unsere Vorfahren und verehrten deswegen die eifrigen Bienen, ohne deren Bestäubung es unsere üppige Pflanzenwelt vielleicht nicht gäbe.
Die Biene ist an der Erzeugung einer Reihe von Nahrungsmitteln beteiligt, die sich nach wissenschaftlichen Erkenntnissen durch verblüffende Heilwirkungen auszeichnen. Honig, Pollen, Propolis und Gelée Royale besitzen eine Fülle von Inhaltsstoffen, die von Ärzten auf der ganzen Welt als »Natürliche Arzneien« gepriesen werden.
Dieses Buch führt Sie in den summenden Bienenstock, in dem mehrere tausend Bienen leben; und hier, im Herzen dieser erstaunlichen Lebensgemeinschaft werden Sie das Bienenvolk näher kennenlernen.
Sie erfahren, wie die Natur aus dem Bienenstock den Körper wiederbelebt, Krankheiten besiegt und sogar den Prozeß des Alterns aufhält. Sie werden auch erfahren, wie einfach diese Nahrungsmittel einzusetzen sind, um Geist und Körper rundum zu regenerieren.
Unser Immunsystem braucht Schutz, um so mehr, als heute unsere Gesundheit bedroht ist durch Schwermetalle in der Atemluft, Antibiotika und Hormone im Fleisch, Pestizide in Obst und Gemüse, Unkrautvernichtungsmittel im Getreide und zahlreiche Zusätze und Konservierungsmittel in der Nahrung. Klinische Studien warnen vor einer Welle unbekannter und bedrohlicher Mikroorganismen. Wie läßt sich das Immunsystem gegen diese Gefahren schützen? Nehmen Sie sich ein Beispiel an den Bienen. Sie verteidigen sich und ihre Wohnstätte, den Bienenstock, seit über 45 Millionen Jahren erfolgreich gegen nahezu alle Umweltangriffe und werden auch weiter überleben!
Ihr Geheimnis liegt in den zahlreichen Substanzen, die im Bienenstock hergestellt werden. Dieses Buch zeigt Ihnen, wie Sie diese Produkte sinnvoll zu Ihrer Ernährung verwenden können, um Ihr Immunsystem gegenüber den Gefahrstoffen des Chemiezeitalters zu schützen.

Carlson Wade

1 Honig

Lob auf den Honig – Heilkräfte aus dem Bienenstock

Honig ist das süße, zähflüssige, goldgelbe von Bienen erzeugte Elixier aus Pflanzennektar. Niemand hat je eine Methode gefunden, dieses köstliche »flüssige Gold« künstlich herzustellen, es entsteht allein aus der beharrlichen Zusammenarbeit des gesamten Bienenvolks, aus der ununterbrochenen Tätigkeit jeder einzelnen Biene.

Seit Urzeiten gilt der Honig als nahezu göttlichen Ursprungs. Die erstaunliche Heilwirkung des Honigs und aller anderen Bienenprodukte ist seit der Antike bis in die moderne Zeit unumstritten.

Wann erkannte man erstmals die wohltuenden Eigenschaften von Bienenprodukten? Wir wissen es nicht; aber wahrscheinlich war die Entdeckung intuitiv. Viele Tiere legen große Strecken zurück, um an den kostbaren Honig zu gelangen. Und obwohl wir nur wenig über die Eßgewohnheiten der frühen Menschen wissen, gibt es Hinweise darauf, daß der Honig in ihrem Speiseplan eine wichtige Rolle spielte. Honig war schon immer mehr als nur ein schmackhaftes Nahrungsmittel: er wurde wegen seiner Heilkräfte geradezu verehrt.

Honig im Alten Testament

Im Alten Testament erfahren wir einiges über den Gebrauch von Honig in der Frühzeit. Die innerliche und äußere Anwendung von Honig muß noch älter sein als die Geschichte der Medizin, und ohne Zweifel ist Honig das älteste Allheilmittel. In nahezu allen überlieferten Texten wird Honig als göttliche Speise gepriesen, als Zutat zu den bevorzugten Getränken, als Naturheilmittel der Volksmedizin und als Hauptbestandteil von Salben und Verbänden. Die ältesten Mythologien preisen die stärkende und heilende Wirkung von Honig und seine wunderbaren Kräfte. Auch in der Bibel wird Honig häufig erwähnt und verehrt.

Iß Honig, mein Sohn, denn er ist gut, Wabenhonig ist süß für den Gaumen.
SPRÜCHE 24,13

Ich bin herabgestiegen, um sie der Hand der Ägypter zu entreißen und aus jenem Land hinaufzuführen in ein schönes, weites Land, in ein Land, in dem Milch und Honig fließen. EXODUS 3,8

Jonatan aber hatte nicht gehört, wie sein Vater das Volk beschwor. Er tauchte den Stock, den er in der Hand hielt, mit der Spitze in eine Honigwabe und führte den Honig mit der Hand zum Mund. Da leuchteten seine Augen wieder. Einer aus dem Volk aber sagte: Dein Vater hat das Volk mit einem Eid beschworen und gesagt: Verflucht sei jeder, der heute etwas ißt. Das Volk aber war erschöpft. Jonatan erwiderte: Mein Vater stürzt das Land in Unglück. Seht nur, meine Augen leuchten, weil ich ein bißchen von diesem Honig gegessen habe. SAMUEL 14,27–29

Feinmehl, Honig und Öl war deine Nahrung. So wurdest du strahlend schön und wurdest sogar Königin. EZECHIEL 16,13

Findest du Honig, iß nur, soviel dir bekommt. SPRÜCHE 25,16

Er führte ihn auf die Berge des Landes, er nährte ihn mit den Früchten des Feldes, er stillte ihn mit Honig aus den Felsen. DEUT. 32,13

Nach einiger Zeit ging er wieder hin, um sie zu heiraten. Er bog vom Weg ab, um nach dem Kadaver des Löwen zu sehen. Da fand er im Körper des Löwen einen Bienenschwarm und Honig. Er löste den Honig mit den Händen heraus und aß davon im Weitergehen. Als er zu seinem Vater und zu seiner Mutter kam, gab er ihnen davon, und sie aßen ebenfalls. Er sagte ihnen aber nicht, daß er den Honig aus dem Kadaver des Löwen herausgeholt hatte.
RICHTER 14,8–9

Wir kamen in das Land, in das du uns geschickt hast: Es ist wirklich ein Land, in dem Milch und Honig fließen; das hier sind seine Früchte. NUMERI 13,27

Sie sind kostbarer als Gold, als Feingold in Menge. Sie sind süßer als Honig, als Honig aus Waben. PSALMEN 19,11

Was ist süßer als Honig, und was ist stärker als ein Löwe? RICHTER 14,18

Die Verse machen deutlich, daß Honig als besonders wertvolle und heilsame Speise galt, auf die die Israeliten nicht verzichten mochten.

Honig im alten Ägypten

Im vierten Jahrtausend vor Christus wurde Honig fast überall zum Süßen der Speisen verwendet. Die alten Ägypter schätzten das »flüssige Gold« so hoch, daß sie es als Tribut oder Zahlmittel verwendeten oder auch die als heilig verehrten Tiere damit fütterten.
Im Tempel Niweserre bei Ábusir, erbaut unter der Fünften Dynastie um 2500 v. Chr., sind Szenen frühgeschichtlicher Imkerei abgebildet. Die Bienenstöcke werden als walzenförmige Röhren in horizontalen Reihen dargestellt. Offensichtlich war jede der Hohlröhren aus luftgetrocknetem Ton etwa 1,20 Meter lang und hatte einen Durchmesser von 20 Zentimetern. Die Röhren sind so angeordnet, daß sie vor der Sonneneinstrahlung entweder durch einen Tonmantel oder durch überhängendes Astwerk geschützt werden. In manchen Gegenden des Nahen Ostens finden sich noch heute ähnliche Bienenstöcke.
Honig war ein wesentlicher Bestandteil der ägyptischen Nahrung. Im Grab von Rekhara aus der Achtzehnten Dynastie um 1500 v. Chr. fand man Darstellungen von Honigkuchenbäckern. Nach der Überlieferung überreichte Ramses III. einem fremden König einmal 7050 Honigtöpfe als Gastgeschenk.
Die alten Ägypter schmückten viele Monumente mit eingemeißelten Bildern von Bienen, bemalten ihre Grabwände mit Szenen von Bienenzüchtern und hinterließen sogar Berichte über die emsigen Bienen in heiligen Hieroglyphen auf Papyrusrollen. In über 2000 Jahre alten Schriften bezeichneten ägyptische Ärzte den Honig bereits als Heilmittel gegen jedes Leiden. Zu dieser Zeit zahlten Ägypter für ein Kilo gefilterten Honig drei Drachmen. Neben den schriftlichen Überlieferungen zeugen die Wandmalereien in den Königsgräbern von der herausragenden Rolle des Honigs: fast in allen ägyptischen Gräbern finden sich Darstellungen von Bienen und Honig. Waben, Honigkuchen, versiegelte Honigtöpfe und Lotusblüten wurden häufig als Grabbeigaben neben die Sarkophage gestellt, um den Toten im Jenseits als Nahrung zu dienen.

Im Grab von Pa-Ba-Sa zu Theben wurde eine ganze Wand mit Reihen von Bienen verziert. Ein Mann schüttet Honig in einen Eimer, ein weiterer kniet betend vor einer Pyramide aus Bienenstöcken. Auf den Wänden des Grabes von Rekh-Mi-Re sind die einzelnen Schritte zur Honiggewinnung dargestellt: das Entfernen der Waben aus dem Bienenstock mit Hilfe von Rauch, das Backen der Honigkuchen, das Abfüllen und Versiegeln der Honigtöpfe und so weiter.
In den ägyptischen Papyri, die als Hinterlassenschaft der ältesten Zivilisation der Welt gelten, ist häufig die Rede von Honig, besonders von seiner heilenden Wirkung. Nahezu alle ägyptischen Arzneien enthielten Honig, Wein und Milch, Honig wurde auch den Göttern geopfert. Die zahlreichen symbolischen Darstellungen von Bienen im alten Ägypten lassen sich nicht nur auf die Tatsache zurückführen, daß Honig ein wichtiges Handelsgut, ein wertvolles Nahrungs- und Heilmittel war, sondern zeigen auch, wie sehr die Ägypter Sorgfalt, Fleiß, Ordnung, Wirtschaftlichkeit und Ausdauer, Klugheit und Mut der Bienen und deren Ergebenheit gegenüber ihrem Herrscher bewunderten. Die Bienen sind die einzigen Lebewesen, die sich vollkommen einer Königin unterwerfen, und so verwundert es auch nicht weiter, daß das Siegel der ägyptischen Könige eine Biene enthielt.
Ägypten eignete sich nicht für den Weinbau, und so trank man Bier. Bereits um 400 v.Chr. berichtet Xenophon von einem ägyptischen Getränk aus Weizen, Gerste und Honig.

Honig bei den Griechen

Immer wieder wird Honig in der griechischen Mythologie erwähnt. Aristaios zum Beispiel, der Sohn von Apollo und Cyrene, soll den Sterblichen die Kenntnisse der Bienenzucht und der Honiggewinnung übermittelt haben. Da Aristaios von den neun Musen erzogen wurde, den griechischen Göttinnen der Künste und Wissenschaften, wurden Bienen gelegentlich als die »Vögel der Musen« bezeichnet. Man glaubte auch, daß ein Kind, dem sich eine Biene auf die Lippen setzte, später außergewöhnliche Fähigkeiten in den verschiedenen Künsten entwikkeln würde: die Philosophen Sophokles und Platon zum Beispiel wurden der Legende nach von Bienen geküßt.

Ambrosia, Nahrung und Getränk der Götter, bestand aus Honig. Tägliche Nahrung des Atheners war Honig vom Berg Hymettus, wo stark duftende wilde Blumen, vor allem Thymian, wuchsen und die Luft vom köstlichen Aroma der Blüten erfüllt war: die Bienen hatten eine besondere Vorliebe für diesen Berg. In Attika, etwa 60 Quadratkilometer groß, gab es zur Zeit von Perikles (429 v. Chr.) 20000 Bienenstöcke. Alle griechischen Dichter lobten den medizinischen und ernährungsphysiologischen Wert von attischem Honig, »der Krönung eines jeden Festessens«. Die ältesten Ruinen in den ländlichen Gegenden Griechenlands stammen von Gebäuden, in denen einst Bienenstöcke untergebracht waren: Steinbauten, die hoch genug waren, um Plünderungen durch hungrige Bären zu verhindern, die ebenfalls die Vorzüge des Honigs zu schätzen wußten. Nach einem alten Brauch wurde den Göttern und den Seelen der Toten Honig geopfert. Der alkoholhaltige Met aus Honig galt als Getränk der Götter.

Honig bei den Römern

Den Römern diente Honig neben der gewöhnlichen Kost auch als Konservierungsmittel. Nach Aussage von Coelius Apicius, dem Autor des *Römischen Kochbuchs,* verfügte jede römische Villa über einen vom Haus getrennten Bienenstand, der von einem eigenen Sklaven betreut wurde. Dieser Bienenstand, *mellarius* genannt, versorgte den Haushalt täglich mit frischem Honig. Der römische Dichter Vergil (70–19 v. Chr.) widmete in seinem Werk *Georgica* oder *Die Kunst der Tierhaltung* einen wesentlichen Teil der Bienenzucht. Vergil berichtet über die Gewinnung und die Verwendung von Honig – zum Beispiel läßt sich mit seiner Hilfe die Qualität eines schlechten Weins verbessern: »Süßer Honig wird gesiebt, bis er klar genug ist, um den bitteren Geschmack des Weins zu zähmen.« Vergil schreibt weiter: »Als nächstes singe ich vom Honig, dem himmlisch zarten Geschenk.« Und in der *Aeneis* preist er den »lieblich-süß duftenden Honig, voll des Aromas von Thymian«.

Plinius der Ältere, der 23–79 n. Chr. lebte, schrieb in seiner großen *Naturgeschichte,* der tägliche Genuß von Honig gewährleiste ein langes und gesundes Leben. Er berichtet außerdem über die tägliche Nahrung

der Römer, über Speisen und Getränke, die mit Honig verfeinert wurden.
Es gehörte zu den guten Sitten, einem Ehrengast wabenfrischen Honig anzubieten, und der Gastgeber empfing seine Gäste nicht selten mit den Worten: »Nimm diesen Honig, mit dem die Götter dir Gesundheit schenken mögen.« Plinius erwähnt außerdem andere Länder, zum Beispiel die Britischen Inseln, wo Honig als großes Heilmittel galt.
Diese und andere Quellen belegen, daß Honig schon seit dem Altertum hoch geschätzt wurde und nicht nur in Europa als Gaumenfreude galt. Spanische Eroberer im 16. Jahrhundert berichten, daß auch die Ureinwohner Mexikos und Mittelamerikas Bienenhaltung betrieben. Allerdings unterschieden sich die amerikanischen Bienen von der europäischen Honigbiene: diese wurde erst um 1638 durch europäische Siedler nach Neuengland eingeführt; die Indianer nannten sie »Fliege des weißen Mannes«.

Das Bienenvolk

Die Bienen sind staatenbildende Insekten, die je nach der Kaste, zu der sie gehören, streng getrennte Arbeiten verrichten. In einem Bienenstock leben eine Königin, mehrere Drohnen und bis zu 50000 Arbeiterinnen. Im Unterschied zu den natürlichen Brutstätten der Bienen in hohlen Bäumen oder Felsspalten werden in der modernen Imkerei meist mehrere Kästen übereinandergestapelt, Magazinbeuten genannt, die mit wetterfestem Dach und einem als Sockel dienenden Boden für die Freiaufstellung geeignet sind. Die darin eingesetzten vorgefertigten Rahmen (meist neun pro Magazin) füllen die Baubienen nach und nach mit Waben.

Ein Bienenvolk besteht aus drei verschiedenen Wesen: der (einzigen) Königin, den Drohnen und den Arbeiterinnen.
Die Bienenkönigin: Sie ist die einzige geschlechtsreife Biene des Stocks und wird größer als die Drohnen oder die Arbeiterinnen. Wird eine zwei Tage alte Larve von den Arbeitsbienen ausgewählt und als Königin aufgezogen, kann sie nach weiteren 14 Tagen ihre Brutwabe verlassen und sich mit ungefähr 18 Drohnen auf den Hochzeitsflug

begeben, den einzigen ihres Lebens. Während der Begattung empfängt die Jungkönigin mehrere Millionen Spermien, die für ihr gesamtes weiteres Leben zur Befruchtung der Eizellen ausreichen. Die Königin beginnt zwei Tage nach dem Hochzeitsflug mit der Eiablage und kann, je nach Produktivität, täglich zwei- bis dreitausend Eier ablegen: allein dafür lebt sie. Sie wird zwei bis fünf Jahre alt, und bis zu ihrem Tod hat sie über eine Million Eier gelegt. Gelegentlich (und meistens im Vorfrühling) legt die Königin auch unbefruchtete Eier, aus denen dann die Drohnen schlüpfen.

Drohnen: Die männlichen Bienen sind kürzer und stämmiger als die Königin. Sie können nicht stechen, sammeln weder Nektar noch Pollen und produzieren auch kein Wachs; ihre einzige Aufgabe besteht darin, eine neue junge Bienenkönigin zu begatten. Im Hochsommer, wenn die Nahrungsvorräte im Bienenstock knapp werden oder die Arbeit zuviel wird, werden die Drohnen aus dem Stock vertrieben und müssen sterben.

Arbeiterinnen: Die Arbeitsbienen, die kleinsten des Bienenvolkes, sind geschlechtlich unterentwickelte weibliche Tiere. 50000 bis 60000 Arbeiterinnen leben in einem Bienenstock. Ihre Lebensdauer ist je nach Jahreszeit verschieden: »Sommerbienen« werden zwischen 28 und 35 Tage alt, Bienen, die erst im September oder Oktober schlüpfen, können den ganzen Winter überdauern. Die Arbeiterinnen füttern die Königin und die Larven, sammeln Nektar, Pollen und Honigtau, bewachen das Flugloch und fächeln zur Kühlung mit den Flügeln die Luft im Inneren des Bienenstocks (11400mal pro Minute schlagen sie mit den Flügeln und bringen so das typische Summen hervor). Außerdem erzeugen sie Waben aus Bienenwachs: sechseckige Zellen, deren Trennwände nur 0,0005 mm dick sind, aber das 25fache ihres Eigengewichts zu tragen vermögen. Nur einen Tag nachdem sie geschlüpft sind, beginnen sie ihr mühevolles, kurzes Leben, in dem sie folgende verschiedene Aufgaben erfüllen:

Zuerst werden sie *Ammenbienen*: sie reinigen die Waben, so daß die Königin neue Eier legen kann, und füttern die jungen Larven mit Gelée Royale. (Um eine einzige Larve zu einem gesunden Mitglied des Bienenstocks heranzuziehen, muß sie von über 3000 Arbeiterinnen etwa zehn Stunden lang gepflegt und gefüttert werden.) Etwa ab dem 14. Tag enden ihre Pflegedienste – aus den Ammen werden Baubienen.

Baubienen kümmern sich um das Innere des Bienenstocks; sie erzeugen Wachs, reparieren die Waben und nehmen den älteren Bienen, die von ihren Ausflügen zurückkehren, Nektar, Pollen, Wasser und Propolis (Kittharz, eine klebrige Substanz, die von den Knospen der Erlen, Kastanien, Pappeln, auch von Nadelbäumen gewonnen und beim Wabenbau verwendet wird) ab, um sie zu lagern oder an die Larven zu verteilen. Sie reinigen den Bienenstock von toten Bienen und schützen das Einflugloch vor Eindringlingen. Wird es zu heiß, fächeln sie Luft oder fliegen aus, um in ihrem Honigmagen Wasser zur Kühlung des Stocks herbeizuschaffen.
Mit ungefähr 20 Tagen erhalten sie eine neue Aufgabe: sie werden *Sammel-* oder *Trachtbienen* und fliegen aus, um Nahrung für den Stock herbeizuschaffen.

Die Entwicklung

Die Bienenkönigin hat in ihrem Hinterleib einen umfangreichen doppelten Eierstock, in dem die Eier reifen. Jedes entwickelte Ei legt sie in eine vorbereitete Wabenzelle, an deren Boden es mit der Spitze angeklebt wird. Drei Tage lang steht das Ei in der Zelle und legt sich allmählich um. Nach diesen drei Tagen ist unter der Eihaut eine Larve entstanden, die bereits Mund und Darm, Herz und Nieren, Atemröhren, Drüsen und Nerven besitzt.

Die Rundmade

Nun öffnet sich die Haut, die Made wird frei. Sie ist 1 bis 1,5 mm lang und wiegt etwa 0,3 Milligramm. Nun treten die Ammenbienen in Aktion und spucken eine Art Milch neben das Neugeborene (Gelée Royale), so daß es in Seitenlage darauf schwimmt. Es frißt ununterbrochen und wächst rapide: am zweiten Tag wiegt die Made schon elfmal soviel wie bei der Geburt, am sechsten Tag 517mal soviel.

Streckmade, Vorpuppe und Puppe

Nach fünfeinhalb bis sechs Tagen ist die Made so feist geworden, daß sie nicht mehr kugelig in der Zelle liegen kann: sie streckt sich, so daß der Mund an der Zellöffnung zu liegen kommt. In diesem Stadium wird sie Streckmade genannt, der Imker kann sie jetzt freilich nicht mehr sehen, denn noch bevor sie sich streckt, haben die Ammenbienen die Fütterung eingestellt und die Zelle gedeckelt. Der Deckel darf nicht luftdicht sein, denn die Larve muß ja atmen. Trotzdem ist er so fest, daß die Entwicklung darunter ungestört weitergehen kann.

Die Streckmade spinnt nun einen Kokon um sich und deckt damit zugleich ihre Ausscheidungen hygienisch ab. Nun entwickelt sie sich zur Biene: vom 15. Tag nach der Ablage des Eis an ist die Biene in Form der Puppe schon zu erkennen. Anfangs ganz zart und weiß, wird der Chitinpanzer immer dunkler und fester. Am 21. Tag nagt die Biene den Wachsdeckel über sich durch und schlüpft heraus – sie ist zum zweitenmal geboren.

Die Drohnen brauchen bis zum Schlüpfen 24 Tage, bei der Königin dauert es nur 16 Tage. Sie entwickelt sich auch nicht in den üblichen sechseckigen Wabenzellen, sondern in einem eichelförmigen, nach unten hängenden Behälter.

Die fertige Biene ist in der Lage, Farben wahrzunehmen – der Imker nützt dies aus, indem er verschiedene Farben für seine Kästen verwendet und den Bienen damit die Orientierung erleichtert. Sie kann sich im Raum orientieren, indem sie sich nach Merkmalen im Gelände richtet, nach Bäumen, Gebäuden, Wasserläufen und so weiter, darüber hinaus aber verfügt sie über einen verläßlichen Himmelskompaß: sie merkt sich den Stand der Sonne (den sie auch bei wolkenverhangenem Himmel erkennt!) und weiß, wie weit in einer bestimmten Zeit die Sonne weitergewandert ist. So ist sie imstande, auch nach Stunden oder am nächsten Tag einen guten Trachtplatz auf Anhieb wiederzufinden.

Sie hat auch ein Zeitgedächtnis, das unabhängig vom Stand der Sonne funktioniert, was man herausgefunden hat, nachdem Bienen mit dem Flugzeug von einem Erdteil zum anderen transportiert wurden.

Mit den Augen findet die Biene sich in der Außenwelt zurecht; sie verfügt aber auch über einen Tast- und Geruchssinn; vor allem letzterer ist wichtig, damit sie den heimatlichen Stock wiederfinden, fremd riechende Eindringlinge erkennen und Wasser, Honigtau, Nektar und Pollen finden kann. Darüber hinaus kann sie mit den Antennen Wärme und Feuchte wahrnehmen: eine Biene ist nicht in der Lage, ihre Körpertemperatur unabhängig von der Außentemperatur aufrechtzuerhalten – bei etwa 6°C erstarrt sie. Im Stock hingegen regelt das Volk die Wärme ziemlich genau auf 35°C, die Luftfeuchte auf etwa 40 Prozent. Schließlich besitzt die Biene noch einen Geschmackssinn, der beim Sammeln von Nektar eine nicht minder wichtige Rolle spielt als der Geruchssinn.

Die Herstellung von Honig

Laut Definition der Honigverordnung aus dem Jahr 1976 ist Honig »ein flüssiges, dickflüssiges oder kristallines Lebensmittel, das von Bienen erzeugt wird, indem sie Blütennektar, andere Sekrete von lebenden Pflanzenteilen oder auf lebenden Pflanzenteilen befindliche Sekrete von Insekten aufnehmen, durch körpereigene Sekrete bereichern und verändern, in Waben speichern und dort reifen lassen«.

Man unterscheidet zwei Honigarten: Blütenhonig und Honigtauhonig. Der Rohstoff für Blütenhonig ist Nektar und Blütenstaub (Pollen); den sogenannten Honigtauhonig, Waldhonig zum Beispiel, stellen die Bienen aus Honigtau her. Als Honigtau bezeichnet man die zuckerhaltigen Ausscheidungsprodukte von Insekten (Läusen), die auf Wirtspflanzen leben und sich von ihnen ernähren; diese Wirtspflanzen sind Nadelbäume wie Fichte und Tanne und Laubbäume wie Linde, Eiche und Ahorn.

Die Trachtbiene, die für die Futterbeschaffung zuständig ist, nimmt die zuckerhaltigen Rohstoffe mit dem Rüssel auf und befördert sie über den Schlund in die Honigblase. Schon während dieses Vorgangs werden dem Rohstoff fermentreiche Sekrete zugesetzt. Mit gefülltem »Honigmagen« kehrt die Trachtbiene in den Stock zurück, würgt dort das Sammelgut hervor und gibt es an die bereitstehenden Stockbienen weiter, die es ihrerseits aufnehmen und wiederum weitergeben: dabei wird die Rohmasse eingedickt und chemisch verändert.

Nun beginnt die zweite Phase des Reifungsprozesses. Der halbreife

Honig wird an den Zellwänden oder am Zellenboden abgelagert. Bei den im Bienenstock herrschenden Temperaturen von 25 bis 30°C (im Kern des Bienenstocks kann die Temperatur sogar auf 36°C steigen) verdunstet das überschüssige Wasser, es finden weitere chemische Veränderungen statt, was auf die nachhaltigen Fermentwirkungen der Bienensekrete zurückzuführen ist. Der Honig gärt.

Nach ein bis drei Tagen ist der Honig reif und wird von den Bienen noch einmal umgetragen: die Zellen werden aufgefüllt und anschließend mit einem fast vollständig luft- und wasserundurchlässigen Wachsdeckel verschlossen. Verdeckelter Honig gilt als reif – der Imker kann nun die Waben herausnehmen, entdeckeln und den Honig gewinnen, was heute überwiegend mittels Schleudern in einer Zentrifuge geschieht. Anschließend wird der Honig gesiebt und geklärt, denn beim Schleudervorgang gelangen Bestandteile der Waben, insbesondere Wachspartikel, oder andere Verunreinigungen in den Honig.

Bienen fliegen drei bis fünf Kilometer weit, um den »richtigen« Rohstoff zu finden, das heißt, eine einzige Biene muß für nur ein Pfund Honig ungefähr 64000 Kilometer zurücklegen. Ein Bienenvolk von durchschnittlicher Größe produziert 45 Pfund Honig. Weltweit werden jährlich ungefähr 900000 Tonnen Honig erzeugt. Die größten Produzenten sind die mittel- und nordamerikanischen Staaten mit ca. 200000 Tonnen, Asien mit ca. 185000 Tonnen, Europa mit ca. 150000 Tonnen; in der ehemaligen Sowjetunion betrug die Jahresproduktion 190000 Tonnen.

Honig, ein Naturprodukt

Als Trachthonige gelten Honige, die überwiegend von bestimmten Blüten oder Pflanzen stammen. Es gibt Trachthonige von Blütentracht und von Honigtautracht. Zu den ersteren gehören zum Beispiel Kleehonig, Akazienhonig, Thymianhonig; zu den letzteren Tannenhonig, Eukalyptushonig oder Waldhonig. Von Dunkelbraun über Goldgelb bis Weiß reicht das Farbspektrum des Honigs. Mit seinem unverwechselbaren Aroma verhilft er vielen Speisen erst zu ihrer wahren Geltung. Er ist in verschiedener Form erhältlich:

Flüssiger Honig enthält keine sichtbaren Kristalle; er wird nach dem

Schleudern gefiltert und geklärt. Er eignet sich besonders zum Kochen und Backen, kann aber auch als Brotaufstrich verwendet werden. In dieser Form ist Honig am gebräuchlichsten.
Streichfester Honig enthält feine Zuckerkristalle. Mit der Zeit kristallisiert jeder Honig, aber manche Frühjahrshonige, vor allem aus Raps, kristallisieren von Natur aus »feinsteif«: bei Zimmertemperatur besitzt der Honig eine butterartige Konsistenz und läßt sich, ohne zu tropfen, verstreichen.
Waben- oder Scheibenhonig wird in den Wachszellen verkauft, in die er von den Bienen gefüllt wurde. Die Waben sind ebenfalls eßbar.
Tropf-, Lauf-, Senk- oder Leckhonig sind die Bezeichnungen für Honig, der mit einzelnen Wabenbruchstücken in Gläser abgefüllt wurde.

Honiglagerung

Bei sachgemäßer Lagerung kann Honig über Jahre hinweg ohne Qualitätsverlust aufbewahrt werden. Die wichtigsten Voraussetzungen, die ein Lagerraum erfüllen muß, sind niedrige Temperaturen mit möglichst geringen Schwankungen während des gesamten Jahres, geringe Luftfeuchtigkeit und neutraler Geruch. Honig muß immer in verschlossenen Behältern aufbewahrt werden. Infolge natürlicher physikalischer Prozesse kristallisiert jede, auch die flüssigste Honigsorte früher oder später, je nach Anteil der darin enthaltenen verschiedenen Zucker. Durch Wärmebehandlung lassen die Kristalle sich auflösen; dazu eignet sich der in vielen Haushalten verwendete Einkochtopf mit stufenloser Temperaturschaltung: der Honig wird darin im Wasserbad relativ schnell und schonend erhitzt. Auch Mikrowellen können zur Verflüssigung des Honigs verwendet werden; inwieweit diese jedoch – neben der reinen Wärmewirkung – auch zu einer spezifischen Veränderung von Molekülen führen können, ist bis heute noch nicht eindeutig geklärt.

Farbe und Geschmack des Honigs

Der Geschmack und die Farbe von Honig sind vom Wuchsort der Pflanzen, von der Art der nektarproduzierenden Blüten beziehungsweise der Art des Honigtaus abhängig, auch das Klima einer Region spielt eine Rolle. Die Farbpalette reicht von nahezu farblos bis Dunkelbraun, und der Geschmack variiert je nach Sammelstelle zwischen sehr mild und kräftig herb.

Je nach Blütenquelle lassen sich über 300 verschiedene Honigarten unterscheiden. Der mit einer pflanzlichen Sortenbezeichnung deklarierte Honig (zum Beispiel »Heidehonig«) muß mindestens zur Hälfte der genannten Pflanzenart (Heide) entstammen. Allgemeine, nichtsortenspezifische Bezeichnungen sind beispielsweise »Blütenhonig«, der aus dem Nektar von Blütenpflanzen stammt, wobei eine, mehrere oder zahlreiche Pflanzenarten beteiligt sein können, oder »Waldhonig«: ein Honigtauhonig von Nadel- und Laubbäumen. Im allgemeinen sind die helleren Honigsorten milder und die dunkleren kräftig.

Nachfolgend eine kurze Beschreibung der wichtigsten derzeit in Deutschland auftretenden Sortenhonige:

Akazienhonig ist blaßgelb und wasserklar und zeichnet sich durch ein mild-süßes Aroma und eine manchmal jahrelang flüssige Konsistenz aus.

Edelkastanienhonig bleibt aufgrund seines hohen Fructosegehalts lange zähflüssig. Er zeichnet sich aus durch eine braune bis rotbraune, manchmal auch dunkelbraune Farbe sowie ein kräftiges, herbes, penetrant erscheinendes Aroma.

Fichtenhonig bleibt aufgrund seines hohen Fructosegehaltes lange flüssig. Er ist dunkel, rotbraun und besitzt ein malzig-würziges Aroma und eine zähflüssige Konsistenz.

Heidehonig ist ein rötlich-brauner beziehungsweise dunkelgelber Honig; er stammt nur von Heidekraut und Buchweizen. Nach zögernder Kristallisation entsteht eine schmalzige, zum Teil auch grobe Konsistenz.

Kleehonig kristallisiert schnell, fein und gleichmäßig aus. Er ist hellbeige bis weiß, besitzt ein mild-süßes Aroma mit einem delikaten Nachgeschmack sowie eine weiche Konsistenz. Der Nektar stammt überwiegend von Weißklee sowie dem weißen und gelben Süßklee.

Lindenhonig weist im kristallisierten Zustand eine zartgelbliche, bisweilen zartgrüne Farbe auf. Auffallend ist das ausgeprägte, an ätherische Öle erinnernde Aroma.
Löwenzahnhonig kristallisiert aufgrund seines hohen Glukosegehalts rasch aus. Als typisch gelten die intensiv goldgelbe Farbe, ein kräftiges Aroma und eine mitunter sehr harte Konsistenz. Das Aroma ist teilweise recht scharf und penetrant.
Obstblütenhonig ist aufgrund des erhöhten Wassergehaltes anfangs dünnflüssig. Er ist zartgelb bis gelb und besitzt ein dezentes, angenehm mildes Aroma.
Rapshonig kristallisiert aufgrund seines hohen Glukosegehaltes besonders rasch und gleichmäßig aus. Er ist hell, fast weiß, hat ein dezentes Aroma sowie eine feinsteife, zuweilen feste Konsistenz.
Tannenhonig bleibt ähnlich wie Fichtenhonig aufgrund seines hohen Fructosegehalts lange flüssig. Als sortentypische Merkmale gelten die tiefbraune, grünlich schimmernde Farbe, das würzige, harzige Aroma sowie eine zähflüssige Konsistenz.

Die Verwendung von Honig

Honig kann als natürlicher Süßstoff, zum Backen, Kochen, über Obst, in Müsli und so weiter verwendet werden.

Honig als Zuckerersatz beim Backen

In der Regel sollten Sie einen kräftigen Honig für Brotaufstriche und andere Zubereitungen verwenden, wenn Sie das charakteristische Honigaroma wünschen. Mildere Honigsorten dienen gewöhnlich zum Süßen von feineren Speisen.
Backwaren mit Honig bleiben nach dem Backen schön feucht. Da Honig außerdem doppelt soviel Süßkraft enthält wie Zucker, reicht die Hälfte Honig der im Rezept angegebenen Zuckermenge für dieselbe Süße. Nebenbei nimmt man auch weniger Kalorien zu sich, da ein Eßlöffel Zucker 39 Kalorien, ein halber Eßlöffel Honig hingegen nur 32 Kalorien enthält. Wenn Sie Zucker durch Honig ersetzen, sollten Sie die im Rezept angegebene Flüssigkeitsmenge ebenfalls auf die Hälfte

der verwendeten Honigmenge reduzieren. Geben Sie zusätzlich einen halben Teelöffel Backpulver in die Teigmischung und verringern Sie die vorgeschriebene Backtemperatur um etwa 10°C. Bei Keksen, für die Sie laut Rezept nur Eier und keine zusätzliche Flüssigkeit verwenden sollen, erhöhen Sie die Menge an Mehl um etwa 2 Eßlöffel pro 100 Gramm Honig, damit der Teig die richtige Konsistenz erhält. Stellen Sie ihn vor dem Formen und Backen kühl.

Der Nährwert des Honigs

Honig ist doppelt so süß wie Kristallzucker, weshalb die halbe Menge zum Süßen von Speisen genügt. Dementsprechend vermindert sich auch die Kalorienmenge pro Gewichtseinheit.
Honig muß als einziges natürliches Süßmittel vor seiner Verwendung weder raffiniert noch auf andere Weise verarbeitet werden. Über 300 verschiedene pflanzliche Quellen dienen zu seiner Erzeugung.
Honig ist ein Invertzucker, der zu 38 Prozent aus Fructose, zu 31 Prozent aus Glukose, aus 1 Prozent Sukrose und 9 Prozent anderen Zukkern besteht. Daneben enthält er Wasser sowie die verschiedensten Vitamine und Mineralien.
Mit seinem hohen Zuckergehalt zählt Honig zu den Kohlenhydraten, und ist mit 64 Kalorien pro Eßlöffel ein wichtiger Energielieferant. Er enthält die wertvollen Vitamine Riboflavin (B_2), Thiamin (B_1) und Ascorbinsäure (C) sowie unterschiedliche Mengen an Mineralstoffen. Aufgrund seiner einzigartigen Zusammensetzung wird Honig auch anders verdaut als die übrigen Süßmittel. Beispielsweise übt Honig wegen seines im Vergleich zu Kristallzucker höheren Fructoseanteils einen geringeren Einfluß auf den Blutzucker- und Insulingehalt aus.

Honig, Quelle jugendlicher Frische

Benötigen Sie mehr Energie? Honig verleiht Ihnen revitalisierende Kraft. Im folgenden einige Beispiele zu der verjüngenden Wirkung dieses Bienenprodukts.

- Sportler aus vielen Ländern berichten, daß Honig ihnen mehr Energie und Ausdauer verleiht. Honig ist eine ausgewogene Mischung aus Glukose, Fructose und anderen von Bienen erzeugten Nährstoffen: eine Form von Energie, die direkt und ohne Umweg über den komplizierten Verdauungsprozeß vom Blutkreislauf aufgenommen wird.
- Man nimmt an, daß das in einem Eßlöffel Honig enthaltene energieliefernde Glykogen schon nach zehn Minuten in die Blutbahn gelangt. Nach Meinung des Ernährungswissenschaftlers Richard J. Wood aus dem amerikanischen Landwirtschaftsministerium kann die im Honig enthaltene Glukose in Verbindung mit einer Kalziumgabe die Aufnahme dieses Minerals um 25 Prozent steigern. »Unsere Untersuchungen deuten darauf hin, daß Glukose die Aufnahme von Kalzium über den Darm maßgeblich steigert.«
- Honig fördert im Gegensatz zu Kristallzucker die Aufnahme von wertvollen Mineralien wie Zink und Magnesium. Herkömmlicher Zucker hingegen schwächt nach Meinung von Bewegungsphysiologen der University of California in Los Angeles die Knochen und hemmt das Wachstum, da die Kalziumaufnahme über die Verdauungsorgane blockiert wird und nur verminderte Mengen in die Knochen gelangen.
- Stephen Seely von der University of Manchester in England und Dr. D. F. Horrobin aus Nova Scotia, die den Zuckerkonsum in 20 Ländern der Erde untersuchten und mit dem Auftreten von Brustkrebs verglichen, behaupten, Honig besitze keinen der möglicherweise krebserregenden Stoffe, die im Zucker enthalten sind. Ihr Ergebnis: Am häufigsten tritt Brustkrebs in den Ländern mit dem höchsten Zuckerkonsum auf, das heißt in den USA, England, den Niederlanden, Irland, Kanada und Dänemark. Die geringsten Brustkrebsraten hingegen zeigten sich in den Ländern mit dem niedrigsten Zuckerverbrauch: Italien, dem ehemaligen Jugoslawien, Spanien, Portugal und Japan. Zucker bewirkt eine vermehrte Insulinausschüttung aus der Bauchspeicheldrüse in die Blutbahn. Diese Übersekretion veranlaßt bestimmte, als schwach krebsanfällig bezeichnete Gewebe, karzinogen (krebsverursachend) zu reagieren; ein schwach krebsanfälliges Organ ist unter anderem die Brust.

In Japan beträgt der durchschnittliche Zuckerkonsum nur 60 Gramm pro Tag oder 15 Teelöffel. In den USA hingegen werden im Schnitt täglich 36 Teelöffel Zucker konsumiert.

Honig als Naturheilmittel

Nach einer medizinischen Studie an 58 Patienten, die offene Wunden auch nach zweijähriger Antibiotikabehandlung hatten, bewirkte eine nur einwöchige oberflächliche Honiganwendung spektakuläre Erfolge. Die Wissenschaftler vermuten, daß dieses Ergebnis entweder auf den Säuregehalt oder die austrocknende Wirkung von Honig zurückzuführen ist. Außerdem könnte der schnelle Wundverschluß durch die im Honig enthaltene bakterientötende Substanz *Inhibin* verursacht sein.
In einem anderen Bericht erwähnt Dr. Richard D. Heimbach, Wissenschaftler und Spezialist auf dem Gebiet der Wundheilung am Methodist Hospital in San Antonio, Texas: »Eine Antibiotikatherapie ist nur bei einer infektionsbedingten Verzögerung der Wundheilung erforderlich. Häufig liegen jedoch andere Ursachen vor. In solchen Fällen scheint Honig nicht nur die Infektion zu bekämpfen, sondern auch in der Lage zu sein, die Wunde zu heilen.«

Heilanwendungen

Bestreichen Sie eine kleine Wunde oder einen kleinen Schnitt mit etwas Honig, und verbinden Sie die Stelle. Verwenden Sie Honig *keinesfalls* bei Brandwunden, da hier das Infektionsrisiko zu hoch ist. Sobald Sie Anzeichen einer Entzündung, das heißt übermäßige Rötung, Schwellung und Hitze bemerken, sollten Sie unbedingt einen Arzt aufsuchen. Auch bei chronischen Leiden, zum Beispiel bei schlechter Durchblutung infolge von Diabetes, ist eine äußerliche Behandlung unwirksam. Zur äußerlichen Anwendung sollte nur frischer (keimfreier) Honig verwendet werden. Unbehandelter oder lange gelagerter, kristallisierter Honig könnte bereits resistente Bakterien enthalten.
Der schweizerische Arzt und Klinikdirektor Dr. Alfred Vogel, bekannt für seine zahlreichen Erfolge mit natürlichen Heilverfahren, schreibt in seinem Buch *Der Naturarzt* über Honig:

»Unser Interesse gilt vor allem dem Honig und seiner heilenden Kraft, die im Naturheilverfahren einen hohen Stellenwert hat. Bereits in der Antike war Honig für seine heilende Wirkung bekannt und geschätzt, auch wenn dieses Wissen im Lauf der Zeit in Vergessenheit geriet. Erst als der medizinische Wert von Honig wiederentdeckt und wissenschaftlich erklärt werden konnte, durfte Honig seinen wohlverdienten Platz unter den Naturheilmitteln wieder einnehmen.

Wir wissen auch aus literarischen Quellen, daß die heilenden Kräfte des Honigs zweifellos bereits in biblischen Zeiten bekannt waren. Honig ist reich an Kohlenhydrat und kann leicht vom Körper aufgenommen werden.

Darüber hinaus ist bekannt, daß Honig die Wirkung anderer Naturheilmittel auf die Atemwege positiv unterstützt. Falls Sie sich diese Eigenschaft zunutze machen wollen, sollten Sie einfach die vorgeschriebene Anzahl Tropfen von einem Medikament zusammen mit einem Teelöffel Honig oder honiggesüßtem, lauwarmem Wasser einnehmen. Die deutlich verbesserte Wirkung der mit Honig verabreichten Medikamente zeigt sich beispielsweise in der schnelleren und besseren Aufnahme der verschriebenen Medikamente bei einer Erkältung oder bei Erkrankungen der Bronchien oder der Lunge. Das ist auch der Grund, weshalb zum Beispiel der Kiefernknospensirup *Santasapina* ebenfalls Honig enthält.«

Honigsalbe

Dr. Vogel rät:

»Ein Teelöffel Honig, verrührt mit 20–30 Tropfen *Echinaforte Tinktur,* ergibt eine großartige Heilsalbe für Schürfungen, kleinere Schnittwunden, Geschwüre und sogar Wundschorf.

Bei nichtheilenden Wunden hilft Honig, mit etwa 10 Prozent feingeriebenem Rettich oder Rettichsaft verrührt. Streichen Sie diese Mischung auf die betroffene Stelle, und Sie werden über das gute Ergebnis staunen. Diese Mischung kann als hervorragendes Heilmittel zur Bekämpfung von Nagelbettentzündungen, Nagelschimmel und ähnlich hartnäckigen eitrigen Prozessen gelten, die nicht abklingen wollen.«

Honigpackungen bei Arthritis und Gicht

Bei diesen Erkrankungen schlägt Dr. Vogel folgende Behandlung vor:

»Die äußere Anwendung von Honig verschafft deutliche Erleichterung. Geben Sie einen Teelöffel Kampfertinktur oder Symphosan auf vier Eßlöffel Honig. Rühren Sie kräftig, und erhitzen Sie die Mischung im Wasserbad.
Tauchen Sie ein gefaltetes Tuch in die heiße Honigmischung und legen es auf die schmerzenden Körperteile – Hände, Ellbogen, Knie und Füße. Diese Behandlung wird am besten abends durchgeführt, so daß die Packungen die ganze Nacht über wirken können. Mit einem aufgelegten Heizkissen, einer Wärmflasche oder einem Beutelchen mit erhitzten Kirschkernen kann der Umschlag länger heiß gehalten werden. Das Ganze mit einem Tuch umwickeln.
...Manchen Patienten wurde durch diese Behandlung so geholfen, daß sie wieder schmerzfrei gehen oder ihre Hände bewegen können.
Es empfiehlt sich, die Honigpackungen einige Wochen lang zu wiederholen, bis Besserung eintritt. Wenn Kräuterzusätze oder -tinkturen nicht erhältlich sind, können die Packungen auch aus reinem Honig bestehen. Dann entfalten sie ihre wohltuende Wirkung jedoch erst später.«

Honig zur allgemeinen Gesundheitsvorsorge

Der Autor eines anderen Gesundheitsratgebers, Dr. Paavo Airola, beschreibt die Vorteile einer Honigbehandlung folgendermaßen:

»Honig besitzt wunderbare Eigenschaften in der Ernährung und in der Verwendung mit Arzneimittelkombinationen, die schon seit Urzeiten für Heilzwecke genutzt werden. Inzwischen weiß man, daß

die Ernährung vieler der über hundertjährigen Bulgaren und Russen bei der Zubereitung von Speisen hauptsächlich und reichlich auf Honig basierte.
Besser als alle anderen Nahrungsmittel erfüllt Honig die Maßgaben für eine ideale Ernährung nach Hippokrates: Unsere Nahrung sei unsere Medizin, unsere Medizin unsere Nahrung. Honig hält Kalzium im Körper zurück, beugt Anämie vor, wirkt lindernd bei Nieren- und Leberbeschwerden, Erkältungen, Kreislaufschwäche und Hautverletzungen oder -erkrankungen.«

Dr. Airola empfiehlt Honig in seiner hoch angesehenen Airola-Diät als einziges Süßmittel, warnt aber besonders ältere Menschen davor, mehr als höchstens ein bis zwei Eßlöffel pro Tag zu sich zu nehmen.

Lang lebe die Biene

In den USA werden schätzungsweise 1,42 Millionen Hektar Obstpflanzungen, Gemüse, Öl- und Hülsenfrüchte von Bienen befruchtet. Andere Insektenarten befruchten weitere 25,5 Millionen Hektar. Die Fruchtbildung vieler wichtiger Kulturpflanzen vollzieht sich somit zum größten Teil über Insekten und zu 80 Prozent über Bienen. Ungefähr ein Drittel der gesamten Nahrungsmittel stammt direkt oder indirekt von insektenbestäubten Pflanzen (Obst, Hülsenfrüchte und Gemüse). Im gesamten Tierreich teilt die Biene ihre lebensnotwendige Aufgabe mit nur sehr wenigen anderen Arten. Sie ist nahezu die einzige, die den Blütenpollen von einer Pflanze zur anderen trägt – ohne das Werk der Biene würden viele Pflanzen nicht überleben. Damit trägt die Biene zum Artenreichtum und zu einer erhöhten Lebensqualität in ihrer Umgebung bei.
Ökologen vermuten, daß ohne die Arbeit der Bienen über 100000 Pflanzenarten aussterben würden. Ohne diese Pflanzen würde jedoch auch das Leben, wie wir es kennen, – und vielleicht alles Leben – auf dieser Welt untergehen.

Bienenstiche

Bienen sind nicht aggressiv. Allerdings müssen Sie bestimmte Regeln beachten, um nicht gestochen zu werden. Bienen haben einen ungewöhnlich feinen Geruchssinn und verabscheuen bestimmte Gerüche wie Schweiß, Tabak, Alkohol oder Zwiebeln. Bienen greifen jeden Eindringling an, der den Geruch von Parfüm, duftendem Rouge oder Lippenstift trägt.

Da Bienen nur zu ihrer Verteidigung stechen, sollten Sie sich einem Bienenstock vorsichtig nähern. Grelle Farben erregen ihre Aufmerksamkeit, weshalb sich Kleidung in neutralen, hellen Farben empfiehlt. Wenn Sie durch Geruch oder Farben auf die Biene wie eine Blume wirken, wird sie angelockt und versucht Pollen zu sammeln.

Kurz nach dem Stich jedoch muß die Biene sterben, da ihr Stachel mit dem dazugehörigen Schaft und Muskelapparat (also nahezu der gesamte Hinterleib) in der Haut des Menschen (oder des Tiers) steckenbleibt. Geben Sie ihr also keinen Grund zum Stechen.

In der Nähe eines Bienenstocks sollten Sie deshalb ein paar einfache Verhaltensregeln befolgen:

1. Bewegen Sie sich ruhig, langsam und auf keinen Fall ruckartig.
2. Besuchen Sie den Bienenstock in der Zeit zwischen zehn und vierzehn Uhr, wenn die meisten Arbeiterinnen unterwegs sind.
3. Suchen Sie sich einen hellen, sonnigen Tag aus. An kühlen, nassen oder bewölkten Tagen ist mit Bienen nicht zu scherzen; sie fliegen kaum aus, um Nektar zu suchen, und halten sich überwiegend in der Nähe des Bienenstocks auf.
4. Schlagen Sie nicht nach einer vorbeifliegenden Biene. Diese Bewegung irritiert das Insekt und kann sogar dazu führen, daß sie einen Wut»schrei« ausstößt und damit Hunderte von anderen zu ihrer Verteidigung herbeiruft.
5. Vergewissern Sie sich, daß weder Ihrer Kleidung noch Ihnen selbst irgendwelche Düfte anhaften.
6. Verletzen Sie keine Biene, wenn Sie irgendeine Tätigkeit am Bienenstock verrichten. Das Bienenvolk könnte es für nötig halten, sie zu retten, und Sie vertreiben.
7. Bleiben Sie ruhig, dann bemerken die Bienen Sie kaum: sobald Sie laut reden, entlarven Sie sich als Feind!

Wissenswertes in Kürze

- Für ein Pfund Honig müssen Bienen über zwei Millionen Blüten besuchen.
- Ein Bienenvolk legt für ein Pfund Honig mehr als 88000 Kilometer zurück.
- Eine durchschnittliche Arbeiterin produziert im Lauf ihres Lebens nur 1/12 Teelöffel Honig.
- Bienen fliegen mit einer durchschnittlichen Geschwindigkeit von 24 Kilometern pro Stunde.
- Als Treibstoff für die Reise um die ganze Welt würde eine Biene ungefähr 30 Gramm Honig benötigen.
- Eine Biene hat fünf Augen.
- Met ist Honigwein. Der Überlieferung nach wurden ursprünglich die Waben in Wasser gelegt, bis sie zu gären anfingen.
- Bienen erzeugen seit 10 bis 20 Millionen Jahren Honig aus Blütenpflanzen.
- Der schottische Likör Drambuie enthält Honig.
- Jede Honigwabe hat sechs Ecken – ohne Ausnahme!
- Nach neuesten aerodynamischen Untersuchungen sollte es der Biene theoretisch unmöglich sein zu fliegen, da ihr Körper im Verhältnis zu den zarten Flügeln zu schwer ist. Aber davon weiß die Biene nichts – und fliegt dennoch: mit einem seit Beginn der Schöpfung unveränderten Körperbau.
- Jeder Deutsche verzehrt pro Jahr etwa 1,5 kg Honig.
- In der Glaubensgemeinschaft der Mormonen steht die Biene in hohem Ansehen. Sinnbildlich für den Fleiß der Biene steht der Begriff *Deseret* in ihrem heiligen Buch Mormon. Auf dem Banner des Bundesstaates Utah im amerikanischen Westen ist ein Bienenstock abgebildet, und der Staat gilt allgemein als Imkerstaat. Viele industrielle Unternehmen der Mormonen schmücken sich mit der ehrenvollen Bezeichnung Deseret.
- Die Biene hat vier Flügel.
- Auf einem einzigen Sammelflug besucht eine Biene ungefähr 100 Blüten.
- Bienen »sprechen« miteinander. Über den »Schwänzeltanz« erfahren andere Bienen, wo Nektar und Pollen zu finden sind. Der Tanz

gibt Auskunft über Entfernung und Richtung. Bienen »verständigen sich« zudem über Duftstoffe (Pheromone) und, wie Forscher jüngst herausfanden, durch Laute.

- Amor, der römische Gott der Liebenden, tauchte seine Pfeilspitze angeblich in Honig.

Bienen sind umweltfreundlich. Sie hinterlassen keine Schadstoffe und verlangen keinen besonderen Landbau. Sie spielen eine wesentliche Rolle bei der geschlechtlichen Vermehrung von Pflanzen: ohne die Bestäubung durch Bienen würden die meisten Pflanzen unserer Erde nicht existieren.

Bienenprodukte sind ohne Gewaltanwendung erhältlich. Zwar wird der Bienenstock zum großen Teil seiner Nahrung beraubt, doch nicht zu Lasten der Bienen: niemals würde ein Imker das Huhn schlachten, das ihm goldene Eier legt. Der Mensch hat gelernt, Bienen als Nutztiere zu halten. Bienenprodukte sind Nahrungsmittel, die als natürliche Erzeugnisse keinen aufwendigen Testverfahren unterliegen.

Wenn wir uns dieser Tatsachen bewußt sind, begreifen wir, weshalb die Biene seit Urzeiten verehrt wird. Vielleicht ist sie auch heute noch die Quelle des Lebens schlechthin!

Ausgewählte Honigrezepte

Soßen & Marinaden

Sauce au miel (französische Honigsoße)

3 EL Honig
3 EL Olivenöl
1½ EL Apfel- oder Weinessig
½ TL Kräutersenf
frisch gemahlener Pfeffer

Verrühren Sie die Zutaten mit einem Mixer auf kleiner Stufe eine Minute lang. Dann können Sie die Soße in einem Behälter im Kühlschrank aufbewahren. Sie paßt zu grünem Salat, kaltem grünem Spargel oder Brokkoli.

Rotwein-Kräuter-Marinade

6 EL Öl
100 ml Rotwein
1 EL Zitronensaft
100 ml Lindenblütenhonig
1 Bund glatte Petersilie
1 TL Rosmarin

Öl mit Rotwein, Zitronensaft, Lindenblütenhonig, gehackter Petersilie und Rosmarin verrühren. Paßt besonders gut zu Lammkoteletts; das Fleisch vor dem Grillen etwa 2 Stunden darin marinieren.

Würzige Honigsoße

4 EL Honig
2 EL Tomatenketchup
⅛ l Fleischbrühe
abgeriebene Schale von 1 Orange
1 TL Meerrettich
Paprika, Salz, Pfeffer

Honig und Tomatenketchup mit der Fleischbrühe in einem Topf erhit-

zen. Die abgeriebene Orangenschale zufügen und alles 10 Minuten bei mittlerer Hitze unter Rühren kochen lassen. Dann mit Meerrettich, Paprika, Salz und Pfeffer abschmecken.
Die Soße wird zu Steaks, Koteletts oder Wildbraten gereicht.

Pikante Honigsoße mit Kräutern

4 EL Zitronensaft
1 TL Kräutersalz
1 EL scharfer Senf
1 EL Sojasoße
3–4 EL Honig
1 zerdrückte Knoblauchzehe
je 1 TL Estragon, Rosmarin, Thymian und gestoßener roter Pfeffer

Alle Zutaten mit einem Schneebesen gut miteinander verquirlen. Diese Honigsoße eignet sich vor allem für Grillfleisch. Sie ist schnell zubereitet und schmeckt zu allem Fleisch – Schweine- und Lammkoteletts oder Hühnerkeulen. Die pikante Soße wird erst ganz zum Schluß auf das Grillgut gestrichen, wenn es fast gar ist: so bleibt der feine Geschmack voll erhalten und leidet nicht unter der Grillhitze.

Salate & Beilagen

Süßsaures Gemüseragout

1 Zwiebel
250 g Stangensellerie
2 EL Butter
3 Zucchini
3 rote Paprikaschoten
1 Stange Lauch
2 TL Currypulver
Salz
frisch gemahlener schwarzer Pfeffer
1 Msp. Kreuzkümmel
6 EL Honig
Saft einer Zitrone
1/8 l Fleischbrühe
1/8 l Sahne

Die Zwiebel schälen und feinhacken. Den Stangensellerie waschen und in Scheiben schneiden. Die Butter in einem Schmortopf erhitzen,

Zwiebel und Stangensellerie 10 Minuten darin dünsten. Unterdessen Zucchini und Paprikaschoten waschen, putzen und in Scheiben bzw. Streifen schneiden, den Lauch putzen, längs aufschneiden und gründlich ausspülen, in feine Ringe schneiden und das Gemüse in den Topf geben. Mit Currypulver bestäuben und mit Salz, Pfeffer und Kreuzkümmel würzen. Honig, Zitronensaft und Brühe hinzufügen und zugedeckt 15 Minuten dünsten. Die Sahne einrühren, abschmecken und weitere fünf Minuten köcheln lassen.
Dieses Gemüseragout paßt zu kurzgebratenem oder gekochtem Fleisch, Geflügel oder Fisch.

Sommersalat

1 Kopfsalat
2 kleine Karotten
1/4 Sellerieknolle
2 kleine Äpfel
2 EL Honig
1/2 Tasse Ananassaft
Saft einer Limone (oder Zitrone)
10 Walnüsse oder 15 Haselnüsse, gehackt

Den gewaschenen und abgetropften Salat in kleine Blättchen zerteilen und in eine Schüssel füllen. Karotten und Sellerie schälen und in Stifte, die gewaschenen und entkernten Äpfel in Scheiben schneiden und zum Salat geben. Honig, Ananassaft und Limonensaft mit dem Mixer durchrühren, bis das Gemisch glatt wird. Die Soße über den Salat gießen und mit den gehackten Nüssen bestreuen.

Buchweizensalat

200 g Buchweizen
Gemüsebrüheextrakt
4 EL Rotweinessig
1 EL Honig
Meersalz
Pfeffer aus der Mühle
1 EL Senf
4 EL Sonnenblumenöl
3 EL Rosinen
3 Möhren
1 mittelgroße Zwiebel
1 Apfel
2 Tomaten
1 Stengel glatte Petersilie

Buchweizen kurz mit kochendem Wasser überbrühen, dann in Gemüsebrühe ca. 15 Minuten bißfest kochen. Abtropfen und kalt werden lassen.
Aus Essig, Honig, Salz, Pfeffer, Senf und Öl eine Marinade herstellen und die Rosinen darin einweichen. Etwa 20 Minuten stehenlassen. Inzwischen die Möhren und die Zwiebel schälen und sehr klein schneiden. Den Apfel und die Tomaten würfeln. Alle Zutaten mit der Marinade vermischen und mit Petersilie garnieren.

Hauptgerichte

Honigsteaks

4 Steaks
2 EL Öl
2 EL Honig
Pfeffer
Salz
100 g Butter
2 EL grüne Pfefferkörner
1/8 l süße Sahne

Öl mit Honig, Pfeffer und Salz verrühren und die Steaks von beiden Seiten damit bestreichen. 20 Minuten einziehen lassen. Die Butter in einer Pfanne schmelzen und die Steaks rasch von beiden Seiten braten. Den Bratensatz mit Sahne löschen, die Pfefferkörner zugeben, Steaks einmal wenden und servieren.

Schweinefilet mit Honigglasur

2 Schweinefilets (à ca. 400 g)
50 g Zwiebeln
1 Knoblauchzehe
1 EL Speiseöl
1/4 l Tomatenketchup
1/8 l Essig
1/8 l Honig
2 EL Sojasoße
1/2 TL Ingwerpulver
1 Spritzer Tabasco
Salz
Pfeffer

Die Zwiebeln und den Knoblauch schälen, feinhacken und im erhitzten Öl glasig dünsten, alle anderen Zutaten hinzufügen, aufkochen und bei kleiner Flamme dicklich einkochen lassen. Alufolie auf den Grill legen. Die Schweinefilets mit der Glasur bestreichen und etwa 20 Minuten grillen. Die Filets häufig wenden und wiederholt mit der Honigglasur bestreichen.

Schinken in Honig

ca. 1,5 kg gepökelter Schinken mit Schwarte
2 Karotten
1 Stück Sellerie
1 Stange Lauch
1½ l helles Bier
4 EL dickflüssiger Honig
1 EL gemahlener Ingwer
2 EL feingehackter, eingelegter Ingwer

Den Schinken in einen großen Topf geben und mit Bier bedecken. Karotten, Sellerie und Lauch waschen, putzen, kleinschneiden und hinzufügen. Den Inhalt zum Kochen bringen, dann die Hitze reduzieren und den Schinken im zugedeckten Topf 50 Minuten langsam kochen. Den Schinken in der Brühe abkühlen lassen, dann die Schwarte abziehen, das Fett in gleichmäßigen Abständen kreuzweise mit einem scharfen Messer einschneiden. Den Honig mit dem gemahlenen und dem feingehackten Ingwer gut verrühren und auf den Schinken streichen. In eine Bratreine legen und im vorgeheizten Backofen bei 200°C etwa 40 bis 50 Minuten backen.

Kuchen und Süßspeisen

Honigpastillen

250 g nichtraffinierter Rohrzucker
1 Glas Wasser
250 g Tannen- oder Waldhonig
5 Tropfen Bergamotteöl

Zucker mit Wasser langsam zum Kochen bringen. Honig hinzufügen, gut vermischen und 5 Minuten auf kleiner Flamme kochen. Bergamotteöl hinzufügen, anschließend vorsichtig mit einem Mokkalöffel auf eine geölte Marmorplatte träufeln und trocknen lassen.

Lebkuchen

1 kg Honig (Akazien-, Linden- oder Orangenblütenhonig)
100 ml Wasser
1 kg Roggenmehl
Natron
Gewürze

Honig mit Wasser langsam im Wasserbad erhitzen, aber nicht kochen. Roggenmehl mit einem Holzlöffel sorgfältig einrühren und sehr gut durcharbeiten. Die Masse soll ziemlich fest sein: fügen Sie notfalls noch etwas Mehl beziehungsweise Wasser hinzu.
An einem kühlen Ort 24 Stunden ruhen lassen. Danach 10 g Natron unterkneten und würzen. Dann auf ein geöltes und bemehltes Backblech streichen und bei mittlerer Hitze 1½ Stunden backen.
Lebkuchen wird je nach dem persönlichen Geschmack vor dem Backen gewürzt. Die Möglichkeiten sind zahlreich – hier einige Vorschläge:

- Anispulver und Kardamom;
- Rosinen, geschälte Mandeln und Haselnüsse;
- Muskatnuß, Zimt und Nelken;
- kandierte Früchte (Orangen- und Zitronenschalen, Kirschen, Engelwurz);
- Bourbonvanille, Rum.

Honigkuchen

300 g Weizenvollkornmehl
1½ TL Zimt
½ TL frisch geriebene Muskatnuß
½ TL Kardamompulver
¼ TL Ingwerpulver
1 Prise Meersalz
115 g Butter
220 g Waldhonig
6 Eier, Dotter und Eiweiß getrennt
abgeriebene Schale von 1 Zitrone

¼ TL Nelkenpulver	120 ml Milch
2 TL Natron	2 EL halbierte Mandeln

Mehl, Gewürze, Natron und Meersalz in eine Schüssel sieben. Butter und Honig miteinander schaumig rühren, die Eidotter und die Zitronenschale zufügen. Abwechselnd Milch und etwas Mehlgemisch in die Buttermasse einrühren, zum Abschluß Mehl. Das Eiweiß steif schlagen und behutsam unter den Teig ziehen. In eine mit Butter ausgestrichene und mit Mandeln bestreute Springform füllen und 40 Minuten auf 190°C backen, dann auf 170°C verringern und weitere 20 bis 30 Minuten backen. Herausnehmen und 10 Minuten in der Form abkühlen lassen, dann stürzen. Vor dem Anschneiden einige Tage in Folie gewickelt aufbewahren.

Spanischer Nußkranz

250 g Butter	¼ l Milch
250 g Honig	400 g Weizenvollkornmehl
4 Eier	2 TL Backpulver
1 Msp. Vollmeersalz	⅒ l Rum
Schale einer unbehandelten Zitrone	⅒ l Wasser
250 g Haselnüsse	50 g Honig

Die weiche Butter mit Honig und Eiern schaumig schlagen, Salz, Zitronenschale, geriebene Haselnüsse und Milch dazugeben. Weizenvollkornmehl und Backpulver mischen und unterziehen. Den Teig in eine gefettete, mit Semmelbröseln ausgestreute Kranzform füllen und bei 175°C auf der untersten Schiene ca. 60 Minuten backen. Den fertigen Kuchen auf eine Porzellanplatte stürzen. Rum, Wasser und Honig gut verrühren und diese Flüssigkeit langsam und gleichmäßig über den warmen Kuchen gießen. Einen Tag auskühlen lassen.

Honig-Nuß-Crêpes

250 g Weizenmehl
2 Päckchen Vanillezucker
1 Msp. Salz
4 Eier
½ l Milch

200 g Honig
150 g gehackte Haselnüsse
60 g gemahlene Mandeln
3 EL Rum
50–70 g Butter

Das Mehl mit Vanillezucker, Salz, Eiern und Milch verrühren. Einige Zeit zum Quellen stehenlassen. Den Honig leicht erwärmen, die Nüsse, Mandeln und den Rum unterrühren. In Butter nacheinander acht Crêpes backen, dabei nur sehr wenig Teig verwenden, damit die Crêpes möglichst dünn werden. Noch heiß mit der Honig-Nuß-Masse bestreichen und zu einem Dreieck zusammenfalten.

Florentiner

100 g Butter
150 g Zucker
50 g Honig
⅛ l Sahne
1 Msp. Salz
abgeriebene Schale einer halben Zitrone

180 g Mandelblättchen
30 g feingehacktes Orangeat
100 g Schokoladen-Fettglasur
10 rote Belegkirschen
Backfolie, Butter und Mehl

Zwei Backbleche mit Folie auslegen, mit Butter bestreichen und mit Mehl bestäuben. Den Backofen auf 190°C vorheizen. Butter, Zucker, Honig, Sahne, Salz und Zitronenschale 4 bis 5 Minuten kochen lassen. Die Mandelblättchen und das Orangeat unterrühren. Je 1 gehäuften Eßlöffel der Masse in großen Abständen auf das Backblech setzen. Die Florentiner auf der mittleren Schiebeleiste 10 bis 15 Minuten backen. Die Masse läuft während des Backens sehr breit aus; deshalb entweder vor dem Backen auf dem Blech in gleich große Ausstechringe füllen oder die abgekühlte Masse nach dem Backen auf dem Blech zu Kreisen formen und fest werden lassen. Die Florentiner nach dem Erkalten von der Folie ziehen, die glatte Seite mit Schokoladenglasur bestreichen und die Oberseite mit einer halben Kirsche belegen.

Honigwein

Der Honigwein oder Met, seit der Antike bekannt, ist der »Göttertrank«, den die griechischen und römischen Dichter priesen, auch das Getränk der Wikinger... Die Herstellung ist im Prinzip einfach: Honig wird mit Wasser vergoren. Honig allein gärt nicht, weil die Zuckerkonzentration zu hoch ist – nach Verdünnung mit Wasser auf etwa 30 Prozent Zuckergehalt findet eine Gärung statt, wobei bis zu 17 Vol.-% Alkohol entstehen können. Es gibt zahlreiche Rezepte, hier das einfachste:

10 l Wasser
3 bis 4 kg Honig (je nach gewünschtem Alkoholgehalt)
Gewürze oder Kräuter nach Belieben (Nelken, Zimt, Jasmin, Thymian, Rosmarin, Kalmus, Ingwer usw.)

Damit der Honig sich besser mit dem Wasser vermischt, sollen sowohl der Honig (im Wasserbad) als auch das Wasser auf etwa 50°C erwärmt werden. Bei dieser Temperatur wird die Vermischung vorgenommen. Dann zum Kochen bringen und 1 Stunde lang kochen, dabei den Schaum abschöpfen. Nach Abkühlung werden die Gewürze (oder Kräuter) zugesetzt. Die Flüssigkeit wird nun in ein Gargefäß gefüllt, verschlossen und bei gleichbleibender Zimmertemperatur vergoren. Gegen Ende der Gärung täglich einmal schütteln. Dann in Flaschen abfüllen und bald verbrauchen.

2 Pollen

Götternahrung für Sterbliche

Ein Relief aus dem Königspalast von Assur, dem ältesten Sitz der assyrischen Herrscher ein Jahrtausend vor unserer Zeitrechnung, stellt eine Gruppe von Bauern dar, die damit beschäftigt sind, mit den männlichen Staubgefäßen der Dattelpalme die weiblichen Blüten zu befruchten. Pollen und seine Eigenschaften waren also bereits in der Antike bekannt. Damals hieß Pollen »lebenspendender Staub«, und »Ambrosia« war eine Art Jungbrunnen: Blütenpollen, mit Honig vermengt, der verlorene Lebenskraft zurückgab. Ambrosia galt als die Nahrung der Götter, mit der sie ewige Jugend und Unsterblichkeit erlangten.
Und doch sind sich heute die meisten Menschen – sofern sie nicht unter Heuschnupfen und anderen Pollenallergien leiden – der Existenz des Pollens nicht bewußt, der ständig überall in unserer Umwelt präsent ist, in der Luft, die wir atmen, im Wasser, das wir trinken.

Bestäubung der Pflanzen

Die Bienen, die von einer Blüte zur nächsten fliegen, um Blütenstaub und Nektar zu sammeln, sind die wichtigsten Helfer bei der Bestäubung: die Trachtbiene, die in eine Blüte eindringt, streift die Staubgefäße, wobei der Pollen sich an den Borsten der Bienenbeine festsetzt – zwangsläufig deponiert sie einen Teil davon auf dem Stempel der nächsten Blüte, die sie aufsucht.
Bei der Bienenzucht geht es nicht nur um die Erzeugung von Honig, sondern die Bestäubung der Blütenpflanzen wäre ohne Bienen nicht möglich: 75 bis 85 Prozent aller Blütenbesucher sind Bienen. So läßt sich zum Beispiel der Ertrag von Futterpflanzen wie Klee, Luzerne, Esparsette verdoppeln, wenn in der Nähe Bienenstöcke aufgestellt werden. Die Landwirte kennen sehr wohl die Bedeutung der Bienen – der Obstanbau wäre ohne sie nicht denkbar, und der Trend, während der Obstblüte Bienenstöcke in die Nähe von Plantagen zu bringen,

breitet sich immer mehr aus, insbesondere in den USA, wo sich die Obstbauern allein im Staat Kalifornien Jahr für Jahr an die 500000 Bienenstöcke ausleihen.

Pollenernte durch die Bienen

Die Beine der Bienen sind hervorragend spezialisierte Organe. Die Vorderbeine streifen den Pollen ab, der an den Antennen haftet, die mittleren Beine säubern die Borsten des Körpers von Pollen und geben ihn weiter an die Hinterbeine; diese tragen die Apparatur zum Pollensammeln (allerdings nur bei der Arbeitsbiene, bei der Königin und den Drohnen fehlt sie), bestehend aus einer Bürste, einem Kamm und einem Körbchen aus langen gebogenen Borsten, dem sogenannten Pollenhöschen, in dem der Pollen bis zum Rücktransport in den Stock eingelagert wird.

Eine Biene, die auf Nektar aus ist, vernachlässigt den Blütenstaub, und umgekehrt interessiert sich eine pollensammelnde Biene nicht für Nektar; außerdem sammelt sie nur eine Pollenart auf einmal.

Unter dem Mikroskop betrachtet, erscheint der Pollen als feiner Puder – unzählige Körnchen in allen Formen und Mustern, je nach Art der Mutterpflanze. Als männliche Keimzellen der Blütenpflanzen enthält dieser feine Staub hochkonzentrierte Nähr- und Heilsubstanzen. Instinktiv nehmen Bienen nur nahrhaften und gesunden Pollen mit und rühren den schlechten oder mangelhaften nicht an. Schon beim Einsammeln verkleben sie den Blütenstaub zu festen Kügelchen, um ihn so für den Flug zum Bienenstock transportfähiger zu machen. Eine Biene kann in ihrem Pollenhöschen gleichzeitig jeweils nur zwei Pollenkügelchen von ungefähr 20 Milligramm transportieren: eine Menge von etwa vier Millionen Pollenkörnern, für die sie durchschnittlich eine Stunde unterwegs ist. Um eine Vorstellung zu bekommen, welche Arbeit damit verbunden ist, muß man sich vor Augen halten, daß die üblicherweise empfohlene Pollendosis einen Teelöffel beträgt – das entspricht etwa 1200 Kügelchen oder 2,5 Milliarden Pollenkörnern: jedes mit der Fähigkeit, neue Samen und Früchte hervorzubringen.

Pollenernte durch die Imker

Seit etwa 25 Jahren ernten die Imker Pollen ebenso wie Honig, denn mit der jüngsten Entwicklung der Ernährungswissenschaft und der Medizin hat der Handelswert des Pollens erheblich zugenommen. Seine therapeutischen Eigenschaften sind derart verblüffend, daß die Nachfrage immer mehr steigt.
Ein Bienenstock produziert im Jahr zwischen 20 und 40 Kilogramm Pollen. Freilich dürfen die Imker nur maßvoll zugreifen, denn der Pollen ist für die Bienen überlebenswichtig: sie füttern damit die Larven (für die Pollen die einzige Eiweißquelle ist) und ernähren sich selbst davon, um überwintern zu können. Im Frühjahr, zur Zeit der größten Aktivität der Königin, ist der Pollenverbrauch sehr hoch. Deshalb darf der Imker nur 10 Prozent der Pollenernte des Bienenvolks entnehmen, mit anderen Worten: zwischen zwei und vier Kilogramm im Jahr. Dazu benutzt er sogenannte Pollenfallen: ein Gitter, das am Einflugloch so aufgestellt wird, daß die Biene bei der Rückkehr in den Stock einen Teil des Pollenhöschens abstreift; die Kügelchen fallen in eine Schublade, über der ebenfalls ein Gitter liegt.
Der so gesammelte Pollen muß nach der Ernte sofort getrocknet werden: frisch ist er zu feucht und hält sich nicht, er schimmelt und beginnt zu gären. Also wird er in dünnen Schichten ausgebreitet und mit heißer Luft etwa zehn Stunden lang getrocknet. Der Vorgang ist abgeschlossen, wenn die Kügelchen nicht mehr aneinanderhaften. (Das ist wichtig: Kaufen Sie nie Pollen, der klumpt; er könnte gesundheitsschädlich sein.)

Die Zusammensetzung des Pollens

Ähnlich wie Honig und Gelée Royale setzt sich Pollen aus den verschiedensten Stoffen zusammen. Die Analyse ergibt hochkonzentrierte Stickstoffquellen, das heißt Aminosäuren und Eiweiße, Mineralstoffe und eine Reihe verschiedener, zum Teil noch nicht isolierter Spurenelemente.
Zunächst sind die Aminosäuren zu nennen, die Bausteine für Eiweiß – die häufigsten und wertvollsten Bestandteile dieser Kraftpakete. Zwar

sind auch Fleisch, Fisch, Eier, Milchprodukte (auch Bohnen, Nüsse und Samen) eiweißreiche und damit stickstoffhaltige Kraftspender, deren Zusammensetzung je nach Herkunft variiert; die einzelnen Produkte können einen Eiweißgehalt von 7, 30 oder sogar über 50 Prozent aufweisen. Doch enthalten tierische Eiweißquellen gleichzeitig gesättigte Fette, Cholesterin und andere Substanzen, die bei übermäßigem Genuß gesundheitsschädigend wirken. Es ist daher sehr sinnvoll, bei der Ernährung auch auf pflanzliche Eiweißquellen zurückzugreifen.
Pollen enthält 30 bis 35 Prozent Protein. Das ist außerordentlich viel, zumal wenn man bedenkt, daß dieses Eiweiß zum größten Teil aus essentiellen Aminosäuren besteht, die der menschliche Organismus nicht selbst herstellen kann (in der nachfolgenden Tabelle sind sie durch * gekennzeichnet):

Cystin	0,6 Gramm
Histidin	1,5 Gramm
Tryptophan*	1,6 Gramm
Methionin*	1,7 Gramm
Phenylalanin*	3,5 Gramm
Threonin*	4,6 Gramm
Arginin	4,7 Gramm
Isoleucin*	4,7 Gramm
Leucin*	5,6 Gramm
Lysin*	5,7 Gramm
Valin*	6,0 Gramm
Glutaminsäure	9,1 Gramm.

Vitamine im Pollen

Obwohl die Vitaminzusammensetzung der einzelnen Pollenprodukte schwankt, enthält ein Gramm Pollen im Durchschnitt:

Vitamin B_1 (Thiamin)	9,2	Milligramm
Vitamin B_2 (Riboflavin)	18,5	Milligramm
Vitamin B_6 (Pyridoxin)	5,0	Milligramm
Niazin	200,0	Milligramm
Pantothensäure	30–50	Milligramm

Weitere Vitamine: Der Gehalt an Vitamin C reicht von 7 bis 15 Milligramm. Ein Gramm Pollen enthält außerdem ungefähr 10 Milligramm Betakarotin, eine Vorstufe des Vitamin A, deutliche Spuren von Vitamin E (Tokopherol) und ungefähr 3,4 bis 6,8 Milligramm Folsäure.
Zucker: Pollen enthält eine Reihe natürlicher Glykoside. Überdies verkleben die Bienen die Körnchen mit ein wenig Nektar, um ein transportfähiges Kügelchen zu erhalten. Der Zuckeranteil in Pollen schwankt zwischen 10 und 15 Prozent und besteht überwiegend aus Fructose und Glukose.

Was sagt die Farbe aus?
Je nach Herkunft schwankt die Pollenfarbe zwischen cremigem Weiß und Dunkelbraun, doch konnten von den zahlreichen Pigmenten bisher nur wenige isoliert werden. Hochwertigen Pollen erkennt man aber nicht an der Farbe, sondern an seiner Zusammensetzung.

Tierische Proteine im Vergleich zu Pollen

Wenn Sie in den Spiegel sehen, erblicken Sie ein prächtiges »Eiweißpaket«. Alles, was Sie sehen, Muskeln, Haut, Haare, Nägel und Augen, sind eiweißhaltige Gewebe. Selbst Ihre Zähne enthalten eine kleine Menge Eiweiß. Aber auch Gewebe, die Sie nicht sehen können, bestehen aus Eiweiß – Blut und Lymphe, Herz und Lungen, Sehnen und Bänder, Gehirn und Nervenzellen. Auch Hormone, die chemischen Botenstoffe bei vielen Körperfunktionen, und Enzyme, die Katalysatoren chemischer Reaktionen, bestehen aus Proteinen.
Proteine sind die einzige natürliche Stickstoffquelle. Alle Nahrungsmittel – Fette, Stärke, Zucker und Proteine – enthalten unterschiedliche Mengen von Kohlenstoff, Wasserstoff und Sauerstoff, aber nur Proteine enthalten Stickstoff: daher ihre besondere Bedeutung als Nahrungsbestandteil.

Wie entstehen Proteine?
Proteine müssen vom jeweiligen Organismus selbst hergestellt werden, da sie nicht wie Sauerstoff oder Stickstoff frei in der Natur vorkommen. In Pflanzen entstehen Proteine aus Aminosäuren mit Hilfe

von Sonnenenergie, Stickstoff aus der Luft, Kohlendioxid und Wasser. Diese Proteine gelangen bei der Geschlechtsreife der Pflanze auch in den Pollen.

Tierische Nahrungsmittel sind gute Eiweißlieferanten, doch werden ihre Proteine im Vergleich zu den pflanzlichen, zumal zu den Pollenproteinen, weniger gut vom Körper aufgenommen. Außerdem enthalten tierische Produkte mehr Fett.

Proteingehalt tierischer Nahrungsmittel

Fleisch (Rind)	16,9 Gramm je 100 Gramm
Eier	12,8 Gramm je 100 Gramm
Käse	16,0 Gramm je 100 Gramm

Proteingehalt von Pollen

Mischpollen	19,7 Gramm je 100 Gramm

Aminosäuren in Pollen

(Die folgende Tabelle ermöglicht anhand der einzelnen Aminosäuren einen genaueren Vergleich von Proteinen aus Pollen und aus tierischen Produkten. Als Bezugsgröße gelten jeweils 100 Gramm.)

	Isoleucin	Leucin	Lysin	Methionin
Fleisch (Rind)	0,93	1,28	1,45	0,42
Eier	0,85	1,17	0,93	0,39
Käse	1,74	2,63	2,34	0,80
Pollen	4,5	6,7	5,7	1,82
	Phenylalanin	Threonin	Tryptophan	Valin
Fleisch (Rind)	0,66	0,81	0,20	0,91
Eier	0,69	0,67	0,20	0,90
Käse	1,43	1,38	0,34	2,05
Pollen	3,9	4,0	1,3	5,7

Nur 15 Gramm Pollen täglich würden genügen, um Sie mit den essentiellen Aminosäuren für einen optimalen Gesundheitszustand zu versorgen.

Die Kraft von Pollen

Dr. Varro E. Tyler, Dekan des Fachbereichs Pharmazie an der Purdue-Universität und Autor des Buches *The New Honest Herbal*, schreibt über die lebenspendende Kraft von Pollen:

»Obwohl Pollen bereits seit etlichen Jahren zur Entdeckung von Allergien und ihrer Bekämpfung eingesetzt wird, ist er erst seit kurzem als Tablette, in Kapseln und Extrakten oder in anderen Darreichungsformen überall erhältlich.
Der Pollen ist die Mikrospore (die männliche Keimzelle) der Samenpflanzen. Das fertige käufliche Produkt wird häufig als Bienenpollen bezeichnet und verrät damit, daß es eine Mischung der unterschiedlichsten, von Bienen gesammelten Pollenarten ist. Tatsächlich wurde eine spezielle Pollenfalle entwickelt, die den Sammelbienen bei der Rückkehr in den Bienenstock einen Teil der Pollenhöschen abstreift.
Begeisterte Pollenanhänger schwören, Pollen verlangsame den Alterungsprozeß und wirke vorbeugend oder heilend bei Schlaganfällen, Konditionsschwäche, Anämie, Gewichtsverlust, Entzündungen des Dünn- und Dickdarms sowie Verstopfung. Außerdem wird von Pollen behauptet, er übe eine positive Wirkung auf den Allgemeinzustand aus und bewirke damit eine verbesserte Gesundheit und ein ausgeglichenes Seelenleben. Schwedische und japanische Studien deuten darauf hin, daß Pollen ein wertvolles Heilmittel bei chronischer Prostatitis ist. Österreichischen Berichten zufolge mildert Pollen die Symptome der Strahlenbehandlung nach Gebärmutterhalskrebs.«

Dr. James F. Balch aus Greenfield, Indiana, lobt in seinem Buch *Prescription for Nutritional Healing* die günstigen Auswirkungen von Bienenbrot (Honig, vermischt mit Pollen) auf die Gesundheit:

»Unter Pollen versteht man den feinen, pulverartigen Staub, der von den Staubgefäßen der Blütenpflanzen erzeugt und von Bienen gesammelt wird. Bienenpollen enthält einige Vitamin-B-Gruppen, Vitamin C, Aminosäuren, mehrfach ungesättigte Fettsäuren, Enzyme,

Karotine, Kalzium, Kupfer, Eisen, Magnesium, Kalium, Mangan, Natrium und Proteine (10 bis 35 Prozent). Pollen, Propolis und Honig besitzen außerdem antibakterielle Eigenschaften. Honig ist das Produkt aus Blütennektar, vermischt mit bieneneigenen Enzymen.
Je nach Pflanzenart und Herkunft des Nektars variiert Honig in Farbe und Geschmack. Er enthält ungefähr 35 Prozent Eiweiß (aus der Hälfte aller Aminosäuren) und gilt als Vollwertnahrung. Honig enthält neben Kohlehydraten (Zucker) zahlreiche hochkonzentrierte und essentielle Nährstoffe wie die Vitamin-B-Gruppe, die Vitamine C, D und E sowie Mineralstoffe. Er verleiht Energie und besitzt heilende Wirkung.
Zwei Eßlöffel Honig täglich sind ausreichend. Da er doppelt so süß ist wie Zucker, werden nur kleine Mengen benötigt. Man sollte jedoch nur ungefilterten, nicht erhitzten oder anderweitig behandelten Honig kaufen.
Diabetiker und Hypoglykämiker sollten beim Gebrauch von Honig oder Honigprodukten vorsichtig sein, da der Blutzuckerspiegel auf diese Nahrungsmittel ähnlich wie auf raffinierten Zucker reagiert. Tupelohonig hingegen enthält mehr Lävulose als andere Sorten und wird langsamer vom Körper aufgenommen, weshalb ihn manche Zuckerkranken in kleinen Mengen einnehmen können. Falls Sie unter Hypoglykämie leiden, sollten Sie Honig nur nach Rücksprache mit Ihrem Arzt konsumieren. Säuglinge sollten nicht mit Honig gefüttert werden, da Kinder unter einem Jahr leichter an Botulismus erkranken.«

Dr. Balch erwähnt außerdem die unterstützende und keimtötende Wirkung von Pollen bei Müdigkeit, Depressionen, Krebs und Darmbeschwerden. Er warnt aber auch davor, daß »fünf von 10000 Menschen allergisch auf Pollen reagieren. Es sollte deshalb am Anfang nur eine kleine Pollendosis eingenommen werden. Treten Hautausschlag, Atembeschwerden, Unwohlsein oder sonstige Symptome auf, muß die Pollengabe aus der Ernährung gestrichen werden.«

Die therapeutischen Eigenschaften von Pollen

Dr. Alfred Vogel, Autor des Buches *Der Naturarzt,* untersuchte die dynamische Heilwirkung nicht nur von Honig, sondern auch von Pollen. Er weist darauf hin, daß Pollen bereits lange vor den Menschen existierte, daß erst die Entwicklung der Pflanzenwelt die Existenz von Tieren und später Menschen ermöglichte.

> »Pollen sind die zur geschlechtlichen Fortpflanzung erforderlichen männlichen Keimzellen der Blütenpflanzen. Vor dem Auftreten der Insekten wurde Pollen wahrscheinlich mit dem Wind verbreitet, da sonst keine Befruchtung der weiblichen Blüten stattgefunden hätte. Bei der emsigen Suche nach Nektar sammeln Bienen zugleich noch etwas anderes, sie streifen die Staubgefäße der einzelnen Blüten. Pollen bleibt an ihren haarigen Beinen kleben und verbindet sich mit Nektar zu kleinen Kügelchen, so daß die Bienen aussehen, als trügen sie winzige gelbe Höschen. Dieser Pollen ist es, der gesammelt wird. Eine Analyse zeigt, daß Pollen reich an Vitaminen ist und nahezu alle Mineralstoffe und Spurenelemente enthält, die für Mensch und Tier lebenswichtig sind.«

Doch wie entfaltet Pollen seine heilende Kraft?

Müdigkeit und niedriger Blutdruck

Untersuchungen haben gezeigt, daß Pollen anregend auf das gesamte Hormonsystem wirkt. Schon ein Teelöffel Bienenpollen zum Frühstück hilft gegen anhaltende Müdigkeit und Spannungslosigkeit. Dr. Vogel fährt fort:

> »Besonders in Verbindung mit Algen (das heißt Riementang) ist Pollen ein gutes Heilmittel gegen niedrigen Blutdruck. Trinkt man außerdem noch Karottensaft, legen sich bereits nach kurzer Zeit die unangenehmen Kreislaufsymptome wie Schwäche- und Ohnmachtsanfälle. Heilende Wirkung kann die Pollen-Algen-Kombination auch bei Menschen entwickeln, die infolge von zu niedrigem Blutdruck unter einer gestörten Sexualfunktion leiden.«

Bluthochdruck, Schilddrüsenüberfunktion, Krankheiten der Verdauungsorgane

Bei zu hohem Blutdruck sollte man nach Dr. Vogel nicht von Anfang an Pollen einnehmen. Er schreibt dazu:

> »Zunächst sollte zu hoher Blutdruck mit Hilfe einer gesunden Ernährungsweise – beispielsweise Vollkornreis, Hüttenkäse und Salate – gesenkt werden. Sobald die Werte normal sind, kann mit der Polleneinnahme begonnen werden.
> Dasselbe gilt bei Schilddrüsenüberfunktion. Auch hier sollte erst nach Abklingen der Funktionsstörung mit der Pollentherapie begonnen werden. Günstig kann sich eine Pollenbehandlung bei Verdauungsstörungen wie Verstopfung oder Durchfall auswirken.«

Psychische Belastung

Dr. Vogel bemerkt, daß gerade bei geistig arbeitenden Menschen das Leistungsvermögen durch Pollengaben auf einfache und natürliche Weise gesteigert werden kann:

> »Mit der Energie von Pollen lassen sich Müdigkeit und Arbeitsstreß besser bewältigen. In unserem geschäftigen Alltag dient Pollen als willkommene Ergänzung zu unserer täglichen Kost, da er widerstandsfähiger gegenüber starken psychischen Belastungen macht. Auch wenn nicht alle Inhaltsstoffe von Pollen bekannt sind, reicht das bisherige Wissen aus, um Pollen als natürliches ›Antistreßmittel‹ zu empfehlen.
> Bienenpollen enthält viele Vitamine, Mineralien und Spurenelemente und gilt deshalb als beliebter Energiespender. Da er außerdem ein Naturprodukt ist, sollte Pollen nach Möglichkeit künstlichen oder chemischen Präparaten vorgezogen werden.«

Ein erstaunliches Nahrungsmittel

Weltweit preisen führende medizinische Fachzeitschriften die Meriten von Bienenpollen, dem vollwertigsten Nahrungsmittel, das in der Natur vorhanden ist. Royden Browns Buch *How to Live the Millenium,* eine Enzyklopädie über die Heilwirkung von Bienenprodukten, beschreibt unter anderem auch eine Reihe verblüffender Heilerfolge:

Februar 1990 in Rußland:
Patienten mit multipler Sklerose erhielten Bienenpollen zur Stärkung ihres Immunsystems.

Januar 1987 in Großbritannien:
Frauen, die unter Beschwerden der Wechseljahre litten, wurden 30 Tage lang mit einem Präparat aus Pollen, Gelée Royale und Vitamin C behandelt. Ergebnis: Nach dieser Zeit waren die Beschwerden bei 82 Prozent der Frauen verschwunden. Die restlichen 18 Prozent zeigten nur noch schwache Symptome. Bereits nach zehn Behandlungstagen fühlten sich alle Frauen deutlich besser.

August 1987 in der Tschechoslowakei:
Der Zustand von Patienten mit chronischer Niereninsuffizienz besserte sich deutlich nach der Behandlung mit Pollenpräparaten. Anderen Berichten zufolge haben Pollen, Eisen und andere Nährstoffe eine positive Wirkung auf Vitalität und Allgemeinzustand von Patienten.

Linderung bei Arterienverkalkung
Dr. Kilmer McCully deutete bereits 1969, als er noch an der medizinischen Fakultät in Harvard tätig war, Arterienverkalkung als Folge von Vitamin-B_6-(Pyridoxin-)Mangel und des Anstiegs der toxischen Substanz Homocystein, eines Abbauprodukts der Aminosäure Cystein. Als Abwehrstoff gegen die lebensbedrohliche Wirkung eines erhöhten Homocysteinspiegels benötigt der Körper Vitamin B_6, das in einer schnellen enzymatischen Reaktion Homocystein in das ungiftige Cystothionin umwandelt. »Da Methionin eine essentielle Aminosäure ist, also in der täglichen Nahrung enthalten sein muß, sollte man auf Speisen mit wenig Methionin und viel Vitamin B_6 zurückgreifen.« Zu den

drei Nahrungsmitteln, die das Herz schonen und ein günstiges Verhältnis von Vitamin B_6 zu Methionin aufweisen, zählen:

Bananen	Verhältnis 40:1
Karotten	Verhältnis 15:1
Zwiebeln	Verhältnis 10:1

Zu dieser Zeit wußte Dr. McCully noch nicht, daß das Verhältnis von Vitamin B_6 zu Methionin in Pollen sogar 400:1 beträgt. Dieses Untersuchungsergebnis wurde von anderen Wissenschaftlern bestätigt und weist vielleicht einen Weg, wie der am weitesten verbreiteten Herzerkrankung begegnet werden kann.

Was ist Besonderes an Blütenpollen?

Wie bereits erwähnt, ist Blütenpollen der männliche Samen von Pflanzen, die sich geschlechtlich vermehren. Die Bienen sind Befruchtungshelferinnen, sie tragen den Pollen von einer Blüte zur anderen; den überschüssigen Pollen, der auf keiner Blüte abgeladen wurde, nehmen sie schließlich mit in die Waben des Bienenstocks, und der Imker sammelt den Pollen, den die Biene am Einflugloch abstreift oder der später zu Boden fällt: das ist der Bienenpollen, jenes erstaunlich reiche, energiespendende Nahrungsmittel. Einfach ausgedrückt ist Blütenpollen ein reiche Quelle lebenspendender und -verlängernder Nährstoffe. Einige Beispiele:

Rutin: Dieses im Pollen enthaltene Glykosid erhöht den Widerstand der Zellinnenwände gegenüber Krankheitskeimen. Rutin stabilisiert den Stoffwechsel und verbessert damit indirekt die Atmung, den Puls und die seelische Ausgeglichenheit. Es beschleunigt die Blutgerinnung und Wundheilung und wirkt sich allgemein positiv auf das Herz aus, indem es die Herzkontraktion unterstützt und eine regulierende Wirkung auf den Herzrhythmus ausübt. Außerdem kann über die regulierende und beruhigende Wirkung von Rutin auf den Kreislauf und das Nervensystem der Blutdruck gesenkt werden.
DNS-RNS: Als Träger des genetischen Codes allen Lebens, überrascht es nicht, daß sie auch in Pollen, also in einer Samenzelle vorkommt.

Hormone: Pollen enthält Sterole oder Pflanzenhormone, die häufig eine nachlassende Hormonproduktion ergänzen. Sie stimulieren aber auch die Drüsenfunktion, so daß bis ins hohe Alter die natürlichen, körpereigenen Hormone freigesetzt werden.
Antibiotische Wirkstoffe: Diese Polleninhaltsstoffe wirken regulierend auf den Darm, reinigen das Blut und beruhigen den Körper über ihre Wirkung auf Nerven und Muskeln. Gift- und Abfallstoffe werden durch die antibiotische und desinfizierende Wirkung von Pollen neutralisiert.
Vitamine: Im Pollen vereinigen sich alle bekannten Vitamine in hochkonzentrierter Form, um zahlreiche Körperfunktionen wie beispielsweise das gesunde Zellwachstum zu unterstützen.
Vitamin B_{12}: Obwohl es normalerweise nicht in pflanzlicher Nahrung vorkommt, enthält Pollen so viel Vitamin B_{12}, daß er für Vegetarier fast zu einem essentiellen Nahrungsmittel wird.
Vitamin E: Kräftigt das Herz und stärkt das Immunsystem.
Linolensäure: Eine essentielle Fettsäure, die der Körper nicht herstellt, aber für ein gesundes Kreislaufsystem benötigt.
Glutaminsäure: Sie gelangt über das Blut ins Gehirn, steigert die Intelligenz und verbessert die Gehirnfunktionen. Möglicherweise nützt sie bei Gedächtnisschwäche.
Glykoside: Natürliche Zucker, die sowohl Fructose als auch Glukose enthalten und dem Körper Energie und Spannkraft verleihen.
Enzyme: Pollen enthält viele Enzyme wie Phosphatase, Amylase und Diastase, die den Stoffwechsel und die Gärung anregen und die Nahrung in wertvolle Bestandteile zerlegen. Außerdem verbinden Enzyme im Pollen und im Körper einzelne Aminosäuren zu organstärkenden Proteinen oder unterstützen andere revitalisierende Prozesse.

Analyse der gewöhnlich in Pollen enthaltenen Inhaltsstoffe aus *Let's LIVE*, Januar 1981

Vitamine	Mineralstoffe	Enzyme, Koenzyme
Provitamin A Vitamin B_1 Vitamin B_2 Niacin	Kalzium Phosphor Kalium Schwefel	Amylase Diastase Saccharase Pectase

Analyse der gewöhnlich in Pollen enthaltenen Inhaltsstoffe aus *Let's LIVE*, Januar 1981		
B_6-Gruppe	Natrium	Phosphatase
Panthothensäure	Chlor	Katalase
Biotin	Magnesium	Disphorase
B_{12}	Eisen	Kozymase
Folsäure	Mangan	Cytochrome
Cholin	Kupfer	Laktatdehydrogenase
Inositol	Jod	Sukzinatdehydrogenase
Vitamin C	Zink	24 Oxidoreduktasen
Vitamin D	Silizium	21 Transferasen
Vitamin E	Molybdän	33 Hydrolasen
Vitamin K	Bor	11 Lyasen
Rutin	Titan	5 Isomerasen

Proteine, Aminosäuren	andere	
Isoleucin	Nukleinsäuren	Hypoxalthine
Leucin	Flavonoide	Nukleine
Lysin	Phenolsäuren	Amine
Methionin	Terpene	Lecithin
Phenylalanin	Nukleoside	Xantophylle
Threonin	Auxine	Krocetin
Tryptophan	Fructose	Zeaxanthin
Valin	Glukose	Lycopene
Histidin	Brassine	Hexodecanal
Arginin	Gibberelline	Alpha-Aminobutylsäure
Cystein	Kinine	Monoglyceride
Tyrosin	Vernine	Diglyceride
Alanin	Xanthine	Triglyceride
Asparginsäure	Pentosane	
Glutaminsäure		
Hydroxiprolin		
Prolin		
Serin		
dazu zahlreiche bisher unbekannte Inhaltsstoffe		

Wen wundert es da noch, daß Bienen solche Energiebündel sind, die praktisch Millionen Kilometer für ein paar Pfund Honig zurücklegen?

Der Grund: Ihre Nahrung besteht aus dem gesammelten Honig und Pollen, der sie noch mehr Nektar sammeln läßt.

Hilfe für das Immunsystem

Dr. Morton Walker beschreibt in *Sexual Nutrition*, daß Pollen bei Tieren und Menschen bei zahlreichen körperlichen Gebrechen

1. während der Rekonvaleszenz vermehrt Energie liefert;
2. Verdauungsprobleme (Verstopfung und Durchfall) beseitigt;
3. beruhigende, entspannende und stimmungsverbessernde Wirkung ohne Nebenwirkungen erzielt;
4. den Hämoglobingehalt (Sauerstofftransporteur) des Bluts besonders in anämischen Patienten erhöht;
5. den Körper von Abfallstoffen und Giften, die sich infolge von Medikamenten, Streß, schlechten Eßgewohnheiten und Umweltgiften in den Gefäßen ansammeln, reinigt;
6. den Körper bei Arterienverkalkung von verstopfenden Giftstoffen reinigt.

Erleichterung bei Allergien

Dr. William G. Peterson, klinischer Allergologe in Ada, Oklahoma, behandelte über 22000 Patienten aus allen amerikanischen Bundesstaaten mit Pollen. Er ist überzeugt, daß Pollen allergische Symptome lindert und schon eine kleine Pollendosis die Immunabwehr gegenüber Umweltgiften erhöht. Als vorbeugende Maßnahme gegen Heuschnupfen empfiehlt Dr. Peterson, einen Monat vor Ausbruch der Symptome mit der Einnahme einer zweiprozentigen Pollenlösung in verdünntem Alkohol zu beginnen und die Dosis von einem Tropfen um jeweils einen Tropfen täglich bis auf 20 Tropfen pro Tag zu erhöhen. Mit Ausbruch der Symptome sollte die Dosis um täglich fünf Tropfen bis auf 45 Tropfen erhöht werden. Gewöhnlich beträgt die Therapiedosis zwischen 20 und 70 Tropfen pro Tag. Bei manchen seiner Patienten verbesserten sich die Symptome so erheblich, daß sie keiner weiteren Behandlung bedurften.

Asthma – frei und leicht atmen

Asthma wird traditionell mit Medikamenten behandelt (aber nicht geheilt); die Krankheit spricht jedoch auch auf eine Pollenbehandlung an. Dr. Ulrich Wahn von der Universitätskinderklinik in Heidelberg untersuchte 70 Kinder mit Heuschnupfen und allergiebedingtem Asthma, die im Winter dreimal wöchentlich und während der Heuschnupfenzeit täglich eine Lösung aus Pollen und Honig einnahmen. Er kam zu dem Ergebnis, daß »die meisten Kinder im Verlauf der Studie weniger Symptome zeigten, was darauf hinweist, daß die Polleninhaltsstoffe auf bisher unbekannte Weise vom Körper aufgenommen wurden«.

Sportler und Pollen

Im klassischen Altertum war Pollen »Ambrosia der Götter« und ein Hauptbestandteil der Nahrung griechischer Athleten, die sich auf die Olympischen Spiele vorbereiteten. Auch heute erhalten die olympischen Teilnehmer Ambrosia, um siegreich zu sein.
Die meisten olympischen Sportler wissen inzwischen, daß sich ihre Leistungen mit Hilfe von Pollentabletten steigern lassen. Besonders in Finnland wurde den Sportlern und Sportlerinnen vor den Olympischen Spielen 1976 ein mit Pollen ergänzter Ernährungsplan »verschrieben«; Pollen gehörte mit zum Trainingsprogramm. Dazu der finnische Trainer des Läuferteams, Antti Lananaki, im Sommer 1976 vor der Presse: »Die meisten unserer Sportler nehmen Pollen ein. Unsere Untersuchungen zeigen, daß sich damit die Leistungen deutlich steigern lassen und weit weniger negative Ergebnisse erzielt werden.« Viele finnische Sportler zeigten überraschende sportliche Leistungen, und es ist nicht von der Hand zu weisen, daß sie ihre Medaillen wohl nicht zuletzt der zusätzlichen Energie aus Pollen verdankten.
Ein weiterer Verfechter von Blütenpollen ist Lasse Viren, der finnische Goldmedaillengewinner über fünf- und zehntausend Meter bei den Spielen 1972 und 1976. Auch er führte seine athletische Hochform auf die tägliche Einnahme von Pollen zurück. Zu Trainingszeiten nahm er zwischen sechs und zehn und an Wettkampftagen vier bis sechs Tabletten täglich ein.

Steve Riddick, Goldmedaillengewinner des amerikanischen Staffelteams 1976 in Montreal, sagt über Pollen, dieses »phantastische Zeug« habe ihm geholfen, seine Regenerationsfähigkeit nach einem Wettkampf um 75 Prozent zu steigern. »Außerdem habe ich damit viel mehr Energie. Früher habe ich nur Honig gegessen, aber dieser Bienenpollen ist noch viel besser. Ich nehme täglich drei Tabletten.«
Nach einem Bericht der New Yorker Zeitung *Newsday* führt auch der Entertainer Dick Gregory seine Leistungen und sportlichen Fähigkeiten allein auf seine gesunde Ernährung mit Weizenkleie, Vitaminen und Pollen zurück. »Die schlagartig einsetzende Wirkung, mit der Pollen Energie verleiht, ist beinahe erschreckend.« Er ißt die nahrhaften Chia-Samen, die im Körper gebundene Reserven freizusetzen vermögen, Kürbiskernöl, Knoblauchpastillen, Ginseng und Sarsaparillawurzeln. Doch vor allem, sagt er, sei es Bienenpollen, der ihm die Kraft gebe, täglich fünfzehn Meilen zu joggen.
Viele Trainer und Sportler schätzen die Eigenschaften von Pollen, dem »Energiepaket in der Kapsel«.
»Die verschiedensten Sportler vom olympischen Langstreckenläufer bis zum Basketballer schlucken alle fünf bis zehn Pollentabletten täglich«, berichtete die *New York Times* am 6. Februar 1977. Dazu ein Torwart: »Erst nach zehn Tabletten fühle ich mich so richtig energiegeladen.« Dr. Roger Morse, Landwirtschaftsprofessor an der Cornell Universität, schreibt: »Schon seit Jahrhunderten nutzen Menschen Pollen für eine gesunde Ernährung. Es ist eine ausgezeichnete Eiweißquelle.« Dr. Charles W. Turner, Cheftrainer an der Long Island Universität, lernte Pollen 1973 auf einer Europareise kennen. Er bestätigt, daß Pollenpräparate die Vitalität und Energie von Sportlern steigern. Außerdem verwendet er Pollenpackungen gegen Gliederschwellungen, wie sie häufig bei Sportlern auftreten. Er löst die Pollentabletten in warmem Wasser auf, tränkt ein Tuch mit dieser Flüssigkeit und legt es auf die betroffene Körperstelle. Dr. Turner: »Dank meiner Packungen sah ich Schwellungen innerhalb von 20 Minuten um einen Zentimeter zurückgehen.« Bei 187 von 189 Knie-, Knöchel- oder sonstigen Schwellungen stellte sich nach der Behandlung mit Pollenpackungen ein merklicher Erfolg ein.
Dennoch meint Dr. Turner, besonders die Ärzteschaft tue sich mit solchen Erkenntnissen schwer. »Unter den Ärzten gibt es viele Karriere-

macher, die ihre Zeit nicht mit ›Lappalien‹ vergeuden wollen. Würde unsere Behandlung nur zu 50 Prozent zum Erfolg führen, könnten die Ärzte sie leichter akzeptieren. Wir glauben an Pollen... Unser Ziel ist es, eine Reihe von Medizinern an den Untersuchungen zu beteiligen, aber die Zeit scheint dafür noch nicht reif zu sein.«

George Stillman lief mit 37 Jahren in nur sieben Stunden und 40 Minuten 84 Kilometer von der George Washington Brücke in New York bis Middletown Township in New Jersey. Der ehemalige Leistungssportler hielt trotz des schlechten Wetters psychisch und auch körperlich ausgezeichnet durch, indem er sich während des ganzen Laufs von zwei begleitenden Helfern *ausschließlich Pollenpräparate* geben ließ. Ursprünglich sollte dieser Marathon bereits am 26. Dezember 1976 stattfinden, als Beitrag zur Zweihundertjahrfeier der amerikanischen Unabhängigkeitserklärung und als Aufruf zu mehr körperlicher Aktivität und Fitneß, wurde aber aufgrund eines heftigen Schnee- und Eissturms auf den 16. Januar 1977 verlegt. Auch an diesem Tag fiel Schnee, und die Temperaturen lagen unter dem Gefrierpunkt... keine guten Bedingungen für einen Läufer, der mit 37 Jahren bereits den Höhepunkt jugendlicher Leistungsfähigkeit überschritten hatte. Dennoch begann George Stillman seinen Lauf über vereiste und glatte Straßen, zunächst in schnellem Gehschritt und allmählich in einen leichten Trab wechselnd. »Die Temperatur fiel noch weiter. Die Muskeln in meinen Oberschenkeln und im Rücken verkrampften leicht, und außerdem machte mir meine linke Hüfte zu schaffen. Bald durchzog die Kälte meine Arme, Beine und Schultern. Meine ganze linke Seite war wie gelähmt.« Doch Stillman lief weiter und sagte später, daß nur die Pollengaben ihm die Kraft gegeben hätten, diesen 84-Kilometer-Marathon bei ungünstigsten Wetterbedingungen durchzuhalten.

Ein neuer Trainer des Läuferteams an der Rutgers Universität, Les Wallach, verabreichte seinen Sportlern ebenfalls Pollen. Die Läufer gewannen bei den folgenden Meisterschaften zum erstenmal den Geländelauf und wiederholten ihren Erfolg mit dem Sieg bei den Meisterschaften im Geländelauf in New York im November 1976. Nach 48 Jahren *ohne einen einzigen Sieg* gewannen seine Sportler plötzlich eine Meisterschaft nach der anderen. Ihre plötzliche Glückssträhne wurde von Trainer Wallach in den *New Brunswick Home News* (8. November 1976) auf das vorbereitende gute Training und die Pollengaben zurückgeführt;

dazu sagte er unter anderem folgendes: »Niemand spricht jemals über die meiner Meinung nach großen Vorzüge von Pollen. Ich selbst nehme Pollenpräparate ein und fühle mich großartig. Ich leide seither nicht mehr unter Erkältungen, bin leistungsfähiger und schlafe wesentlich besser. Ich habe nach den Olympischen Spielen 1972 von anderen über die Vorteile von Pollen erfahren und daraufhin meinen Läufern die Verwendung von Pollenprodukten als Nahrungsergänzung empfohlen, damit sie der doppelten Belastung durch Studium und Sport mit einer noch besseren Ernährung eher standhalten konnten.«
Pollen ist besonders reich an Pantothensäure, einem Stoff, der zur Vitamin-B-Gruppe zählt und eine wesentliche Rolle im Stoffwechsel spielt, da er die Bildung von Antikörpern unterstützt und das Nervensystem anregt. Dieses Vitamin stärkt die Widerstandskraft des Körpers gegen Streß und übt einen natürlichen und gesunden Einfluß auf die Hormonproduktion der Nebennierenrinde aus. Ein ausgewogenes Hormonsystem mit der notwendigen Menge an Pantothensäure (wie zum Beispiel aus dem Pollen) verwandelt den Körper tatsächlich in ein vitales »Energiezentrum«. Vielleicht können unter anderem auch deshalb Sportler jeder Altersgruppe von durchschnittlichen Leistungen zu Spitzenleistungen angeregt werden.

Ein Trainer spricht für Pollen

Tom McNab, Trainer der englischen Leichtathletik-Nationalmannschaft, war neben dem Training auch für eine den sportlichen Anforderungen angemessene Ernährungsweise der Athleten verantwortlich und sagte: »Ich teste häufig besonders für Sportler empfohlene konditions- und kraftfördernde Nahrungsergänzungen. Um deren Wirksamkeit zu prüfen, bitte ich eine Reihe von trainierenden Sportlern, das jeweilige Produkt entsprechend der Herstelleranweisung einzunehmen. Währenddessen messe ich sorgfältig ihre Leistungen und kann danach abschätzen, ob diese Produkte tatsächlich eine Leistungssteigerung bewirken... Einmal wurde ich gebeten, die Wirkung eines Pollenprodukts zu testen. Zunächst war ich etwas skeptisch. Dennoch fanden sich fünf meiner Sportler bereit, sich an dem Test zu beteiligen, und nahmen ein bis drei Pollentabletten täglich ein. Nach zwölf Monaten hatten sich ihre Leistungen deutlich gesteigert.«

Die Ergebnisse im einzelnen:
Die Bestzeit einer 28jährigen Hürdenläuferin betrug vor der Einnahme von Pollentabletten 13,3 Sekunden auf 100 Meter. Nach den Pollengaben trainierte sie intensiver, konnte ihre Laufzeit auf 12,9 Sekunden steigern und gewann bei den Commonwealth-Meisterschaften eine Goldmedaille. – Ein 18jähriger Zehnkämpfer nahm während seiner Pollenkur sechs Kilogramm Gewicht zu und konnte nach vier Wochen sein Krafttraining wesentlich ausbauen. – Die Bestzeit einer 24jährigen Hürdenläuferin betrug 14,1 Sekunden. Bald nach dem Beginn des Pollentests steigerte sie sich auf 13,6 Sekunden und konnte sich damit für einen guten Platz im englischen Team qualifizieren. Ihre Ausdauer beim Training hatte deutlich zugenommen. – Die Bestleistung eines 23jährigen Speerwerfers betrug 64 Meter. Mit der Einnahme der Pollentabletten steigerte er sich auf 72 Meter. Er brachte eine verbesserte Trainingsleistung, außerdem wurde eine Zunahme des Gewichts und der Muskelmasse festgestellt. – Die Bestzeit eines 24jährigen Hürdenläufers betrug vor der Einnahme der Pollentabletten 51,8 Sekunden. Danach steigerte er sich auf 50,7 Sekunden und qualifizierte sich für die Commonwealth-Meisterschaften. Pollen ist seitdem ein wesentlicher Bestandteil seiner Ernährung. Trainer McNab kommt zu folgendem Schluß:

> »Am wertvollsten sind Pollenpräparate, weil sich ihre Wirkung auf die Leistung nicht direkt, sondern indirekt über eine gesteigerte Ausdauer im Training bemerkbar macht. Verlängerte Trainingszeiten erlauben es, härter zu arbeiten, mehr Muskeln zu entwickeln und technische Feinheiten zu vervollkommnen. Die Wirkung von Pollen macht sich besonders bei untergewichtigen Sportlern bemerkbar. Von den genannten Sportlern bemerkten sowohl der Speerwerfer als auch der Zehnkämpfer einen sofortigen Gewichtsanstieg (innerhalb von zwei Wochen), der überwiegend auf die Zunahme der Muskelmasse zurückzuführen war.
> Alle Verbesserungen auf einen einzigen Faktor zurückzuführen wäre sicher voreilig. Dennoch glaube ich, daß die Verabreichung von Pollentabletten in den beschriebenen Fällen und besonders im Fall des 24jährigen Hürdenläufers eine deutliche, fast dramatische Wirkung hatte. Eine angenehme Randerscheinung war außerdem,

daß die Sportler viel seltener unter Erkältungen litten. Ein beschwerdefreier Trainingsablauf beeinflußt natürlich auch die Leistung. Ich bin deshalb der Ansicht, daß Pollen zu den wirkungsvollsten Vitalzusatzstoffen zählt, die unseren Sportlern derzeit angeboten werden.«

Die Pollenmahlzeit

- Streuen Sie Pollen über das Frühstücksmüsli.
- Verquirlen Sie Pollen mit frischen Fruchtsäften.
- Verwenden Sie Pollen in Form von Brotaufstrich auf Vollkornbrot.
- Rühren Sie Pollen in Apfelmus, Salatsoßen oder Quark.

Pollen enthält ein vollständiges Angebot an natürlichen Inhaltsstoffen, so daß man sich nahezu ausschließlich von Pollen ernähren könnte. Er ist das »Brot der Bienen« und die Hauptnahrungsquelle für den Bienenstock. Blütenpollen enthält 25 Prozent pflanzliche Proteine, zahlreiche Vitamine und Mineralstoffe sowie Enzyme, Koenzyme, Kohlenhydrate und essentielle Fettsäuren; außerdem wenig Fett und Kalorien. Die Natur hat für eine »ausgewogene Mischung« aller Inhaltsstoffe gesorgt. Pollen wird vom Körper schnell aufgenommen und verarbeitet.

Wie nützlich ist Pollen?

Der Medizinautor G. J. Binder beschreibt Pollen in seinem Werk *About Pollen* als das nahezu vollkommene Nahrungsmittel: »Von allen Bienenprodukten zeichnet sich Pollen durch die größte Heil- und Aufbauwirkung aus. Am erfreulichsten ist aber, daß Pollen auch bei langandauernder Einnahme nicht die geringsten schädlichen Nebenwirkungen zeigt.«

Vollwertige Nahrungsquelle

Nach Meinung dieses Autors ist Pollen im wahrsten Sinne des Wortes ein Vollwertprodukt. Nur schwer läßt sich ein anderes pflanzliches oder tierisches Produkt finden, das so viele Vitalstoffe enthält wie Pollen. Er verleiht nicht nur Kraft und neue Energie bei Müdigkeit, sondern wirkt auch als Stimulans.

»Eine Pollenkur eignet sich auch für Menschen, die vorübergehend die Lust am Leben verloren haben. Französische Ärzte bemerkten, daß eine einwöchige Pollengabe bei fast allen Patienten, die unter Appetitlosigkeit litten, den normalen Appetit wiederherstellen konnte. Diese Eigenschaft bewirkt vielleicht auch eine Gewichtszunahme bei Personen mit Untergewicht.
Erstaunlicherweise half Pollen aber auch Personen, die Übergewicht mit sich herumschleppten. Bei allen erdenklichen Leiden wirkt Pollen auf wundersame Weise regulierend und ausgleichend auf den Körper. Er regt die Verdauung und etliche andere Körperfunktionen an und wehrt gefährliche Darmbakterien mit Hilfe seiner antibiotischen Inhaltsstoffe ab. Die von den französischen Ärzten festgestellten Vorteile einer Pollenbehandlung liegen nicht nur in der wiederhergestellten Gesundheit ihrer Patienten, sondern auch in deren optimistischerer Lebenseinstellung, die eng mit dem körperlichen Wohlbefinden verknüpft ist. Pollen verleiht mehr Lebensfreude, Vitalität und bietet einen erhöhten Schutz vor Infektionen.«

Gängige und außergewöhnliche Heilmittel

Im Verlauf der Geschichte wurden Honig und Pollen schon immer zu Heilzwecken verwendet. Hier finden Sie einige in der Vergangenheit und heute angewendete Mittel aus der Volksheilkunde:

Entgiftung

Nehmen Sie zur inneren Reinigung und Entgiftung täglich mehrere Eßlöffel Honig und Pollen ein: beide enthalten neben anderen Nährstoffen viel hygroskopisches Kalium. Dieses Mineral entzieht dem Körper Wasser und hilft so, die darin gelösten Krankheitskeime und toxischen Molekülradikale aus dem Körper zu schwemmen.

Wunden, Verbrennungen, Geschwüre

Die alten Ägypter bestrichen frische Wunden mit Honig, um die Heilung zu beschleunigen. Im Orient wurde eine Salbe aus Honig und Pollen zur Behandlung von Hautausschlägen verwendet. Die Ärzte des Altertums legten Honig-Pollen-Umschläge auf offene Geschwüre, Verbrennungen, Furunkel und auf andere Hauterkrankungen.

Volksmedizin mit Honig und Pollen

Die Indianer Südamerikas legten bei den verschiedensten Hauterkrankungen Honig-Pollen-Kompressen an. Slawische Bauern in Osteuropa mischten Honig, Pollen und Mehl zu einer Natursalbe gegen Brandwunden. Norwegische Forscher streuten Pollen auf Verbrennungen und Wunden, damit sie schneller heilten. Noch heute verrühren Skandinavier Honig, Pollen und Lebertran zu einer Salbe gegen Hautkrankheiten.

Heilmittel für die Atemwege

In vielen Gegenden Europas werden Honig und Pollen für die Behandlung von Atemwegserkrankungen verwendet. Zur Milderung von schmerzenden Schluckbeschwerden werden sie langsam gelöffelt. Die Honig-Pollen-Mischung soll auch bei Erkrankungen der Bronchien und bei allergischem Asthma helfen; sie wird auch häufig in Form einer Packung um den Hals gelegt. Als Ohrentropfen lindert die leicht erwärmte Honig-Pollen-Mischung Ohrensausen, Ohrenschmerzen und Ohrenentzündungen.

Honig + Pollen + warme Milch = Balsam für den Hals

Viele Redner und Entertainer pflegen ihre strapazierten Stimmbänder mit diesem Getränk. Trinken Sie langsam, und Sie werden sich über den angenehmen Klang Ihrer Stimme wundern.

Erleichterung für die Atemwege

Volksmediziner empfehlen, einen Eßlöffel Honig mit einem Teelöffel Pollen und etwas Zitronensaft zu verrühren und mit heißem Wasser aufzugießen, kräftig umzurühren und warm zu trinken. Dieses Getränk mildert Atembeschwerden, Halsschmerzen und andere Atemwegserkrankungen.

Natürliches Schlafmittel

Die ersten nordamerikanischen Siedler bereiteten sich aus folgenden Zutaten einen Schlaftrunk: vier Eßlöffel Honig, zwei Teelöffel Pollen, drei Teelöffel Apfelessig in einer Tasse heißem Wasser. Langsam und warm getrunken, ist dieser Aufguß ein köstliches Gute-Nacht-Getränk.

Fernöstliches Jugendelixier

Zwei Teelöffel Pollen, ein halber Teelöffel gemahlener Ginseng und ein viertel Teelöffel gemahlene Orangenschalen werden unter zwei Eßlöffel Honig gerührt. Die Mischung entfaltet nach Meinung fernöstlicher Heilkundiger eine verjüngende und vitalisierende Wirkung.

Verbesserte Verdauung

Verdauungsbeschwerden? Die natürliche Erlösung kommt aus dem Bienenstock. Mit Pollen verrührter Honig, entweder als Getränk oder als Aufstrich auf Vollkornbrot, stabilisiert den Stoffwechsel und sorgt sowohl bei Verstopfung als auch bei Durchfall für gesunde Regelmäßigkeit.

Pollen beseitigt auf natürliche Weise Verdauungsprobleme und verleiht den inneren Organen jugendliche Funktionsfähigkeit. Da Pollen Invertzucker enthält, gärt er nicht im Darm, sondern wird schnell in die Blutbahn aufgenommen. Auf diese Weise verhindert er das Eindringen von Keimen und wirkt auch schmerzlindernd auf ein gereiztes oder entzündetes Verdauungssystem. Aufgrund seines Fettsäuregehalts regt Pollen die Darmtätigkeit an und sorgt für eine regelmäßige

und schmerzfreie Entleerung, die jedes Abführmittel überflüssig werden läßt. Bienenpollen setzt sich sehr schnell in Muskelenergie um und fördert so indirekt die Regeneration des Verdauungssystems. Die Darmmuskeln werden derart angeregt, daß sie viermal soviel energiereiches Glykogen verbrauchen wie im Ruhezustand und dadurch das ganze Verdauungssystem beleben.
Wird Pollen allein, ohne andere Nahrung eingenommen, kann er ungehindert auf den Stoffwechsel wirken und die möglichen Ursachen für Fettleibigkeit korrigieren: Zucker und Fett sind kohlenstoffhaltige Energielieferanten; sobald sie sich mit Sauerstoff verbinden, produzieren sie Energie. Zucker enthält mehr Kohlenstoff, oxidiert leichter und kann daher sehr schnell Energie liefern. Fette enthalten weniger Sauerstoff als Zucker und werden deshalb langsamer verarbeitet; sie liefern die sogenannte Reserveenergie. Da Fette zur Verbrennung mehr Sauerstoff benötigen, können sie als Energievorrat deponiert werden. Invertzucker aus Pollen werden im Darm sofort »verbrannt«. Dieser Vorgang setzt weitere Sauerstoffatome frei, die in einer Art Kettenreaktion auch die Fette »entflammen«. Dadurch wird der gesamte Zuckerstoffwechsel angeregt, es werden vermehrt Kalorien verbrannt und Fette abgebaut (Gewichtsverlust). Bienenpollen ist es, der diese Reaktion auslöst; er ist deshalb das natürlichste Mittel zur Anregung des Stoffwechsels, zur Gewichtskontrolle und auch zur Gewichtsreduzierung.
Wer auf die regulierende Wirkung von Milchsäure vertraut, sollte Pollen als Ergänzungsnahrung bei Verdauungsstörungen einnehmen. Dr. Paavo Airola schreibt dazu in *Health Secrets from Europe:*

> »Es wird angenommen, daß Bulgaren, Rumänen, Russen und andere Osteuropäer, die für ihr beneidenswert hohes Alter bekannt sind, ihre Gesundheit und jugendliche Frische überwiegend der Milchsäure verdanken. Ihre Ernährung enthält viele gesäuerte Lebensmittel wie Sauermilch, Joghurt, dunkles Sauerteigbrot, Sauerkraut und ähnliches. Milchsäure wirkt vorzüglich gegen Fäulnisbildung im Darm und hält das Verdauungssystem gesund.
> Die Einnahme von Pollen zeigt dieselbe fäulnishemmende Wirkung wie gesäuerte Nahrungsmittel und trägt so ebenfalls wesentlich zu einem gesunden Verdauungssystem und einer guten Nährstoffauf-

nahme bei – beides sind Voraussetzungen für ein langes und gesundes Leben.«

Eine spektakuläre Geschichte über den hohen Wert von Pollen für den Stoffwechsel berichtet der Oberstleutnant der US-Luftwaffe Thomas J. Trethaway in *The Golden Pollen*. Er war Fallschirmjäger im Zweiten Weltkrieg und flüchtete aus einem japanischen Straflager in Burma; Einheimische halfen ihm dabei. Sie waren sehr daran interessiert, rasch voranzukommen, und trugen daher keine Lebensmittelvorräte mit sich. Doch immer wenn sie einen Fluß überquerten, schöpften sie von der Wasseroberfläche den darauf treibenden Pollen ab, gaben einen Teil Trethaway und aßen selbst den Rest. Während der ganzen beschwerlichen Dschungeldurchquerung ernährte sich die Flüchtlingsgruppe ausschließlich von Pollen! Dieses Nahrungsmittel genügte den jungen, gesunden und vitalen Teilnehmern vollkommen, und Trethaway legte mit dieser Pollendiät sogar wieder Gewicht zu, das er während der Gefangenschaft verloren hatte. Manchmal wurde der reine Pollen auch mit etwas Honig vermischt und zu kleinen Kuchen geformt. Trethaways Begleiter waren alle groß, schlank und hatte sehr gute Zähne. Er berichtet, daß sowohl Kinder wie Erwachsene trotz der einseitigen Pollenernährung äußerst gesund schienen. Auch er selbst fühlte sich bei dieser ausschließlichen Kost gesund.
Als seine Füße eine Art Gangrän entwickelten, verbanden die Einheimischen sie mit Umschlägen aus Honig und Pollen, so daß eine schnelle Heilung eintrat. Als Trethaway schließlich Kalkutta erreichte, erklärte ihm ein britischer Arzt, er habe die Rettung seiner Füße – und seines Lebens – nur dieser »Medizin« aus Honig und Pollen zu verdanken.
In einem Bericht an seine Vorgesetzten bezeichnete Trethaway Pollen als vollwertiges oder Allzwecknahrungsmittel, tatsächlich eine perfekte Überlebensnahrung: man könne davon leben, bei völlig intaktem Stoffwechsel, auch ohne irgendeine andere Nahrung.

Verbesserte Muskelspannung

Zucker liefert den Abermillionen Muskelzellen die nötige Energie. Sobald die Muskeln aktiv arbeiten, verbrauchen sie etwa viermal soviel Glykogen wie im Ruhezustand. Der im Pollen enthaltene Zucker (natürliche Kohlenhydrate) wird jedoch nach neuesten wissenschaftlichen Erkenntnissen sehr schnell vom Körper aufgenommen und im Blut in Glykogen verwandelt. Dieser Nährstoff versorgt Muskelzellen und Gewebe und verleiht dem Menschen Energie und Kraft.

Anregung der Nieren-Blasen-Funktion

Pollen in einem Eßlöffel Honig oder in Frucht- und Gemüsesaft wirkt harntreibend. Bei Nierenentzündungen (Pyelitis) sorgt Honig für häufiges Wasserlassen und fördert auf diese Weise die Entgiftung von Nieren und Blase.

Halsentzündungen

Viele Redner und Sänger bekämpfen Heiserkeit mit Honig und Pollen. Ein beliebtes Mittel besteht aus drei Teilen Honig, einem Teil Pollen und einem Teil konzentrierter Benzointinktur (in der Apotheke erhältlich). Schon ein Teelöffel »schmiert« die Kehle und beseitigt »den Frosch im Hals«.

Wohltuendes Gurgelmittel

Die Volksmedizin empfiehlt eine Gurgellösung aus einem Teelöffel Pollen, 100 Gramm Honig, 30 Gramm pulverisierten Hibiskusblüten und einem Liter Wasser. Verrühren Sie die Mischung, bis die Bestandteile sich im Wasser gelöst haben, und gurgeln Sie mehrmals täglich damit. Die Lösung hilft gegen rauhes, schmerzhaftes Kratzen im Hals.

Seit Urzeiten sucht die Menschheit nach dem »Jungbrunnen«, nach einer Substanz, die jugendliches Aussehen und die Lebenskraft der Jugend erhält. Fast immer führte die Suche zum Bienenstock und den Erzeugnissen der Bienen, die es schon lange vor den Menschen gab. Vielleicht beziehen auch Bienen ihre erstaunlichen Kräfte aus dem Honig und mehr noch aus Pollen.

Ihr persönliches Pollenprogramm

Pollen stammt von den verschiedensten Blüten. So wie Honig weist er verschiedene Farben und Geschmacksrichtungen auf, eine Sorte ist süß, eine andere eher bitter. Aber jeder Pollen enthält gesundheitsfördernde Energie und Heilkräfte. Probieren Sie einfach verschiedene Sorten, bis Sie eine für Sie angenehme Variante entdecken, oder verwöhnen Sie sich im Verlauf einer Woche mit verschiedenen Geschmacksrichtungen und Konzentrationen. Reformhäuser und Apotheken verfügen über ein reichhaltiges Angebot.

Für eine bessere Aufnahme und Verwertung sollten Sie Pollen vor den Mahlzeiten einnehmen. Richten Sie sich nach den Mengenempfehlungen auf der Verpackung, da alle Sorten unterschiedlich sind. Nehmen Sie Ihre Pollendosis jedoch stets zur selben Tageszeit und vor derselben Mahlzeit ein – und halten Sie sich konsequent daran!

Folgen Sie den Dosierungsempfehlungen, sofern Sie nicht persönliche Gründe haben, Ihre Dosis zu erhöhen oder zu reduzieren – vielleicht haben Sie ja das Gefühl, den verstärkten Schutz einer erhöhten Dosis zu benötigen, um Ihre Immunabwehr vor einer drohenden Krankheit zu stärken. Sobald Sie wieder gesund sind, kann die Pollentherapie mit einer geringeren Dosis fortgesetzt werden. Richten Sie sich nach Ihrem Gefühl, aber lesen Sie unbedingt die Gebrauchsanleitung.

Pollen kann »für sich« oder mit anderen Nahrungsmitteln eingenommen werden. Nachfolgend einige Empfehlungen:

- Roh als Pollenkügelchen. Gut kauen und mit einem Getränk nachspülen.
- Pollentabletten oder -kapseln in etwas Frucht- oder Gemüsesaft, einem heißen Getränk oder in Wasser lösen. Langsam trinken.
- Teelöffelweise über frischem Obst und Gemüse.
- Als Joghurt- oder Müslizutat.
- Mit Honig oder Marmelade vermischt als Brotaufstrich.
- Über Obstsalat, Fruchtkaltschalen oder Grütze.
- In Milchshakes und Fruchtcocktails.
- Pollen darf niemals gekocht werden, da Kochen einen Großteil seiner wertvollen Inhaltsstoffe zerstört. Die Kügelchen können jedoch über leicht erwärmte Speisen gestreut werden.

- Doch das Wichtigste noch einmal: Pollen sollte regelmäßig, das heißt täglich zur selben Zeit eingenommen werden.

Jünger aussehen durch Pollen

Pollen läßt Ihre Haut jünger, gesünder, glatter und weniger faltenreich wirken. Diese Entdeckung machte der schwedische Hautarzt und »Pollenpionier« Dr. Lars-Erik Essen aus Hälsingborg. Da viele seiner Patienten unter Hautproblemen litten, entwickelte er eine Heilsalbe aus Pollen. Schon bald zeigte sich, daß diese Salbe »wie nebenbei« die Haut straffte und kleine Fältchen beseitigte. Dazu Dr. Essen:

> »Pollen scheint den Alterungsprozeß der Haut aufzuhalten und die Erneuerung des Hautgewebes anzuregen. Gleichzeitig bietet er Schutz vor Dehydrierung. Der Teint wird frischer, glatter und gesünder. Weniger Falten und die Rückbildung von Akne sind der reinigenden Wirkung von Pollen zu verdanken. Französische Untersuchungen belegen, daß die in Pollen enthaltenen Stoffe den Alterungsprozeß der Haut, das heißt Falten- und Fleckenbildung aufhalten.«

Die glättende Wirkung von Pollen

Neben der Heilwirkung bei jugendlicher Akne betont Dr. Essen deshalb besonders die verjüngende Wirkung von Pollen auf die Haut älterer Menschen:

> »Pollen wird über die Haut aufgenommen, wirkt deshalb biologisch: er verhindert vorzeitiges Altern und regt gleichzeitig das Gewebe zu vermehrtem Wachstum an. Seine Inhaltsstoffe beleben die Zellen und schützen sie vor Feuchtigkeitsverlust. Sie fördern die Durchblutung des gesamten Hautgewebes und straffen faltige Hautpartien.«

Die hautverjüngende Wirkung von Pollen läßt sich auf seinen hohen Gehalt an den beiden Nukleinsäuren DNS und RNS zurückführen.

Diese Substanzen dringen mit der äußerlichen Anwendung von Pollen in die Haut ein und dienen dem tiefer liegenden Gewebe als Nährstoff. Über ihre feuchtigkeitsregulierenden Eigenschaften wird trockene Haut, die zu Faltenbildung und vorzeitigem Altern neigt, elastischer und straffer.
Verschönen Sie Ihren Teint und Ihr Haar mit natürlichen Pollenprodukten, die sich auf unterschiedlichste Weise selbst preiswert und einfach herstellen lassen. Auf den folgenden Seiten werden Ihnen einige naturkosmetische Produkte und Nahrungsmittel auf Pollenbasis vorgestellt, die vitalisierend und verjüngend auf den Körper wirken.
Pollenkügelchen erhalten Sie auf dem Wochenmarkt, in Naturkostläden oder im Reformhaus. Zerdrücken Sie die Kügelchen oder verwenden Sie pulverisierten Pollen aus dem Naturkostladen oder der Apotheke. Verwenden Sie den Pollen, solange er frisch ist und noch alle seine Wirkstoffe besitzt.

Reinigungscreme für das Gesicht

Schlagen Sie ein Eigelb mit dem Mixer oder Schneebesen so lange, bis es hell und schaumig wird. Fügen Sie eine halbe Tasse Milch, eine zerdrückte reife Avocadohälfte und einen Teelöffel Pollen hinzu, und verrühren Sie die Masse auf höchster Stufe im Mixer, bis sie eine cremigmilchige Konsistenz annimmt. Tragen Sie sie wie jede andere Reinigungsmilch mit einem Wattebausch auf. Die Reinigungscreme kann für eine gründlichere Reinigung auch nach der Gesichtswäsche mit gewöhnlicher Seife und Wasser verwendet werden. Sie entfernt Staub und Schmutzpartikel von normaler Haut und verhindert so vorzeitiges Altern. Da die Creme leicht verdirbt, sollte sie jeden zweiten Tag frisch zubereitet und im Kühlschrank aufbewahrt werden.

Gesichtswasser

Verrühren Sie in einem hohen Gefäß zwei Eßlöffel Zitronensaft, einen Eßlöffel Glyzerin und einen Eßlöffel 70prozentigen Alkohol, fügen Sie einen Teelöffel Pollen und soviel Zaubernuß-Destillat hinzu, bis die

Flüssigkeitsmenge einen halben Liter beträgt. Verrühren Sie das Gesichtswasser mit einem Löffel, und bewahren Sie es kühl auf. Tragen Sie es mehrmals täglich mit den Fingerspitzen auf, und lassen Sie die angenehm kühle Lösung in die Haut einziehen.

Erfrischende Gesichtsmaske

Verrühren Sie zwei Eßlöffel Buttermilch, einen Teelöffel Pollen und vier Eßlöffel Tomatensaft mit einem Mixer oder Schneebesen. Verteilen Sie die Maske mit einem Tuch auf dem Gesicht, und lassen Sie sie 30 Minuten einwirken. Sie wird anschließend mit kaltem Wasser entfernt.

Rubbelcreme für das Gesicht

Schälen und zerdrücken Sie eine halbe reife Avocado. Verrühren Sie sie mit einer halben Tasse Maisgrieß und einem Eßlöffel Pollen. Waschen Sie Ihr Gesicht zuerst gründlich mit warmem und kaltem Wasser und tragen Sie dann die Paste auf die Problemzonen des Gesichts auf. Massieren Sie die Creme sanft zehn Minuten ein und entfernen Sie sie anschließend mit einem feuchten Waschlappen. Zum Abschluß spülen Sie das Gesicht mit reichlich kaltem Wasser. Diese Mischung entfernt abgestorbene Hautzellen, glättet Fältchen und strafft trockene Hautpartien.

Kräuterspülung

Übergießen Sie eine viertel Tasse frische Petersilie, einen Teelöffel getrocknete Pfefferminzblätter und einen Teelöffel Pollen mit kochendem Wasser. Nach 30minütigem Ziehen filtrieren Sie die Flüssigkeit und füllen sie in eine Glasflasche: sie ist als Gesichtswasser nach Reinigung des Gesichts zu verwenden.

Verjüngungskur für den Hals

Pürieren Sie eine halbe Avocado, rühren Sie einen Eßlöffel frisches Weizenkeimöl und einen Teelöffel Pollen darunter, bis eine cremige Masse entsteht, die Sie mit auf und ab streichenden Bewegungen kräftig zwischen Kinn und Schlüsselbein einmassieren. Sobald der größte Teil der Maske in die Haut eingezogen ist, entfernen Sie Rückstände bis auf eine dünne Schicht, die Sie für eine Stunde oder am besten über Nacht einziehen lassen. Empfehlenswert ist die tägliche Anwendung, vorzugsweise vor dem Schlafengehen.

Tonikum für feine Poren

Füllen Sie vier Eßlöffel Rosenwasser, einen halben Teelöffel Kampferextrakt, einen Teelöffel Pollen und zwei Teelöffel 70prozentigen Alkohol in ein sauberes Fläschchen und schütteln Sie kräftig. Bewahren Sie dieses Tonikum an einem kühlen Ort auf. Tragen Sie es großflächig mit einem Wattebausch auf und massieren Sie besonders großporige Körperstellen kräftig. Lassen Sie das Tonikum über Nacht wirken und spülen Sie die Haut am nächsten Morgen mit reichlich kaltem Wasser ab.

Maske für trockene Haut

Verrühren Sie ein schaumig geschlagenes Eigelb mit einer halben reifen Avocado und zwei Eßlöffeln Pollen. Tragen Sie die Maske auf das zuvor gründlich gereinigte Gesicht auf und verteilen Sie sie gleichmäßig über Gesicht und Hals. Die nächsten 20 Minuten können Sie sich entspannt zurücklehnen und ausruhen. Entfernen Sie dann die Maske mit lauwarmem Wasser, trocknen Sie das Gesicht mit einem frischen Waschlappen und spülen Sie mit kaltem Wasser nach.

Maske für fettige Haut

Verquirlen Sie in einem Mixer auf höchster Stufe ein Eiweiß, einen Teelöffel Zitronensaft, zwei Teelöffel Pollen und eine halbe geschälte Avocado. Es entsteht ein meergrüner Brei, der gleichmäßig auf das gereinigte Gesicht verteilt wird. Lassen Sie ihn 20 Minuten einwirken und entfernen Sie ihn anschließend mit lauwarmem Wasser. Trocknen Sie das Gesicht und tragen Sie ein kühlendes Gesichtswasser auf.

Gesünderes Haar

Rühren Sie einige Tropfen Zitronensaft und einen halben Teelöffel Pollen unter ein beliebiges Shampoo und verwenden Sie es wie gewohnt: Ihr Haar bekommt nach dem Waschen neuen, schimmernden Glanz.

Geschmeidige Füße

Als Zutaten für ein warmes Fußbad eignen sich der Saft einer Zitrone und ein Teelöffel Pollen. Sobald das Wasser abkühlt, spülen Sie die Füße mit warmem und kaltem Wasser ab und trocknen sie sorgfältig.

Pollen-Rubbelcreme

Das Gesicht sollte einmal wöchentlich gründlich von talgigen Hautabsonderungen und vom giftigen Staub und Schmutz unserer Umwelt gereinigt werden. Dazu eignet sich besonders das folgende Rezept: Verrühren Sie ein Eiweiß, den Saft einer Zitrone und einen Teelöffel Pollen, fügen Sie der Mischung soviel Haferflocken hinzu, bis eine weiche Paste entsteht, die Sie mit einem Löffel wenige Male kräftig umrühren und stehenlassen. Sobald die überschüssige Flüssigkeit eingezogen ist, verteilen Sie die Paste mit sanft kreisenden Bewegungen im Gesicht unter Aussparung der Augenpartie. Lassen Sie sie zehn Minuten leicht antrocknen und spülen Sie dann das Gesicht mit reichlich warmem Wasser ab.

Eisige Erfrischung

Damit Ihr Gesicht auch an heißen Tagen einladend frisch wirkt, empfiehlt sich folgendes Rezept: Verrühren Sie gefilterten Zitronensaft mit Wasser und drei Eßlöffeln Pollen und lassen Sie diese Mischung zu Eiswürfeln gefrieren. Sobald eine kühlende Erfrischung nötig ist, reiben Sie mit einem Eiswürfel über Gesicht und Hals, die sie anschließend mit kaltem Wasser nachspülen und trockentupfen. Ihr Gesicht wird sich wie nach dem Sprung in einen kalten Gebirgsbach anfühlen.

Verjüngendes Pollenbad

Fügen Sie dem warmen Badewasser eine halbe Tasse Pollen und Zitronenscheiben zu. Die Zitrusöle und das Blütenaroma der Pollenkörner verleihen dem Bad einen reichen, zauberhaften Duft, der an grüne Wälder und fließendes Ambrosia erinnert. Gönnen Sie sich ein 30- bis 45minütiges Pollenbad, es verleiht jugendliche Frische und gesunde Lebenskraft.

Salz-Pollen-Massagelotion

Diese Lotion eignet sich besonders, um erschlaffte Hautpartien zu straffen und die Haut vor dem Baden oder Duschen anzuregen. Sie beseitigt und heilt Hautunreinheiten auf Schultern und Rücken, kann aber die zarte Haut des Gesichts zu sehr reizen, weshalb ihre Wirkung zunächst nur auf einer kleinen Stelle im Gesicht ausprobiert werden sollte. Falls keine Reizungen auftreten, kann die Lotion am ganzen Körper verwendet werden.
Verrühren Sie eine geschälte und zerdrückte Avocado mit einer halben Tasse Tafelsalz und zwei Eßlöffeln Pollen. Tragen Sie diese Lotion (am besten in der Duschkabine) gleichmäßig und mit sanftem Druck auf, wobei Sie besonders auf problematische Hautpartien achten sollten. So lösen sich abgestorbene Hautschuppen und Hornhautschichten an Füßen, Knien und Ellenbogen. Nach der Massage duschen oder baden Sie wie gewohnt.

Seifenersatz aus Pollen

Verrühren Sie ein Eigelb mit einem Eßlöffel Glyzerin und einem Teelöffel Pollen. Tragen Sie die Masse sanft auf das Gesicht auf und lassen sie trocknen. Anschließend spülen Sie Ihr Gesicht mit warmem Wasser ab. Bewahren Sie den Rest dieser »Seife« in einem gut verschlossenen Glastiegel im Kühlschrank auf und rühren Sie sie vor jedem Gebrauch um. Dieses nährende Gesichtsreinigungsmittel eignet sich besonders für eine Haut, die »scharfe« Seifen nicht verträgt.

Körperöl für die Nacht

Füllen Sie je einen Eßlöffel Sesamöl, Olivenöl, Safloröl, Maisöl und Pollen in eine Glasflasche, fügen Sie drei Tropfen Bittermandelöl hinzu, und schütteln Sie die gut verschlossene Flasche mehrmals kräftig. Verteilen Sie dieses Öl abends nach einem heißen Bad oder einer heißen Dusche (solange die Poren von der Wärme geöffnet sind) dünn auf dem Körper, massieren Sie es mit sanften Bewegungen in die Haut ein und legen Sie sich gleich ins Bett. Am Morgen duschen Sie zuerst warm, dann kalt. Ihre Haut wird seidenweich und bei regelmäßiger Anwendung gesund und jugendlich wirken.

Anti-Schuppen-Lotion

Mischen Sie eine Tasse weißen Essig, eine Tasse Wasser und drei Eßlöffel Pollen durch kräftiges Schütteln in einer Flasche. Tragen Sie diese Lösung mit einem Wattebausch vor der Haarwäsche auf die Kopfhaut auf und massieren Sie sie gut ein. Waschen Sie dann Ihre Haare mit einem milden Shampoo (Babyshampoo oder einem Shampoo ohne künstliche Zusatzstoffe). Die Lotion löst Schuppen und reinigt die Kopfhaut, so daß Ihre Haare wieder sauber und schuppenfrei glänzen.

Pollenkur bei trockenem Haar

Ein halbe Tasse Mayonnaise (oder mayonnaiseartige Salatsauce) mit einem Teelöffel Pollen verrühren. Die Mischung leicht in die Kopfhaut einmassieren und 30 Minuten einwirken lassen. Vor dem Shampoonieren mit lauwarmem Wasser spülen. Diese Behandlung verleiht trockener Kopfhaut und spröden Haaren Feuchtigkeit und ein gesundes Aussehen. Dreimal wöchentlich wiederholen.

Tonikum für die Kopfhaut

Eine Tasse Wasser erhitzen. Einen Eßlöffel Leinöl und einen Teelöffel Pollen einrühren. Jeweils eine Kapsel Vitamin A und E aufschneiden und den Inhalt in die Flüssigkeit geben. Rühren, bis sich alle Zutaten gelöst haben. Abkühlen lassen und lauwarm in die Kopfhaut einmassieren. Badekappe aufsetzen, damit die Lösung bei der sich entwikkelnden Körperwärme und geöffneten Poren leichter zu den Haarwurzeln vordringt. 30 Minuten einwirken lassen, danach mit warmem Wasser ausspülen. Die Haare wie üblich waschen. Für eine bessere Nährstoffversorgung der Haarwurzeln und gesünderes Haar dreimal wöchentlich wiederholen.

Ist Pollen eine Wundernahrung?

Diese Frage stellte Dr. Paavo Airola, ein international anerkannter Ernährungswissenschaftler, Naturarzt und ehemaliger Präsident der Internationalen Akademie für Naturheilverfahren. Seine Antwort lautete:

> »Die Wunderkräfte im Bienenpollen sind der Menschheit schon lange bekannt. Sie sind in alten Überlieferungen aus Ägypten, Persien und China erwähnt; die klassischen griechischen Philosophen sahen in Pollen sogar die Quelle ewiger Jugend. Pollen galt als die natürliche, lebensverjüngende Substanz schlechthin.
> Das Pollenkorn ist die männliche Keimzelle der blütentragenden

Pflanzen. Mit Pollen werden vor allem die jungen Arbeitsbienen gefüttert, die im Stock für die Bienenkönigin Gelée Royale produzieren. Die chemische Analyse von Pollen zeigt, daß er fast alle wichtigen Nährstoffe enthält und damit das vollkommenste natürliche Nahrungsmittel ist – tatsächlich eine Speise der Götter!
Pollen enthält 20 Prozent Eiweiß, sämtliche wasserlöslichen Vitamine, eine Vielzahl von Mineralien und Spurenelementen, Enzymen und Koenzymen; des weiteren andere lebenswichtige Substanzen wie die sogenannten Desoxyriboside, Stearine und Spuren von Steroidhormonen.
Untersuchungen aus vielen Ländern belegen den beachtlichen medizinischen Wert von Pollen. Französische und schwedische Wissenschaftler behandelten damit erfolgreich chronische Prostataentzündung, Hämorrhoiden, Verdauungsstörungen, Asthma, Allergien, zum Beispiel Heuschnupfen, und Entzündungen des Dickdarms. Es konnte nachgewiesen werden, daß Pollen nicht nur die körpereigenen Abwehrkräfte steigert, sondern auch anregend und verjüngend auf die Drüsenfunktion wirkt. Rekonvaleszenten wird häufig ein Pollenextrakt verordnet, der auch zur Behandlung von Alterserscheinungen eingesetzt wird. Dabei gilt Pollen als völlig ungefährlich.«

Bienenpollen als Allergiekur

Pollen, der in die Atemwege eindringt, löst häufig Allergien wie Asthma oder Heuschnupfen aus. Dennoch entdeckte man, daß Pollen die Immunabwehr positiv beeinflussen kann, da der Körper auf eingeatmeten Blütenstaub anders reagiert als auf Bienenpollen.
Allergien werden überwiegend durch Pollenflug verursacht. Um eine Art natürliche Immunität aufzubauen, benötigt der Körper daher die von Bienen gesammelten Pollen von vielen verschiedenen Blüten, die wie ein Schutzschild gegenüber den eingeatmeten allergieverursachenden und windverbreiteten Pollen wirken. Der von Bienen gesammelte Pollen ist häufig klebrig und schwer, so daß die Pollenkörner nicht vom Wind transportiert werden können. Die Bienen formen sie zu kleinen Kügelchen, die heilkräftig sind, weil sie mit Hilfe von Nek-

tar und Verdauungssäften hergestellt werden, die jedes »allergische Prinzip« (falls es so etwas gibt) neutralisieren und zerstören und Pollen damit zum wichtigsten Anti-Allergen-Präparat bei der Vorsorge und Behandlung von allergischen Atemwegserkrankungen machen. Die Einnahme von Bienenpollen desensibilisiert gegen Pollenflug und mindert die allergische Reaktion: nach und nach baut der Körper sich einen Schutzschild auf, der gegen die Reizung durch eingeatmeten Blütenstaub abschirmt.
Im Oktober 1969 erschien im *Florida Farmers Bulletin* ein Artikel über die desensibilisierende Eigenschaft von Pollen bei allergischen Reaktionen; darin hieß es:

> »Bei einem Treffen des Imkerverbands in Oklahoma berichtete der Allergologe Dr. William G. Peterson über die erfolgreiche Behandlung von Allergikern mit Honig. 90 Prozent seiner Patienten, das heißt über 22000 Menschen aus allen Landesteilen, registrierten nach einer Honigbehandlung (kombiniert mit herkömmlichen Arzneimitteln) nachlassende allergische Symptome.
> Eine allergische Reaktion wird vor allem durch Pollen, Staub und Pilzsporen ausgelöst. Tatsache ist, daß ebendiese Bestandteile, wenn sie im Honig enthalten sind, beim Patienten eine Immunität bewirken. Deshalb muß Honig unbehandelt und unfiltriert sein, selbst wenn die Verbraucher gute, klare und filtrierte Produkte bevorzugen.
> Eine Reihe von anderen Ärzten verschreiben ihren Patienten ebenfalls einen Teelöffel Honig täglich. Diese Behandlung wird auch nach Abklingen der Allergiesymptomatik fortgesetzt.«

Diese Art der natürlichen Desensibilisierung ist nur möglich, weil unbehandelter Honig Pollen, Staub und Pilzsporen enthält. Reiner Pollen ist dagegen noch wesentlich konzentrierter und stärkt äußerst wirksam die körpereigene Immunabwehr bei Allergien. Deshalb sollte neben Honig auch regelmäßig Pollen als hochkonzentrierter Desensibilisator eingenommen werden.
Schüttelfrost, Jucken, eine rinnende Nase oder tränende Augen sind typisch für Allergien und veranlassen einen Arzt gewöhnlich, die Ursachen durch Allergietests abzuklären. Kennt man den Auslöser, wer-

den zur Stärkung der Immunabwehr kleine Mengen dieser Substanz in allmählich ansteigender Dosis gespritzt. Manchmal müssen diese Injektionen lebenslang durchgeführt werden, und sie sind nicht immer ohne Nebenwirkungen.
In seinem Buch *Pollen, Nourriture miraculeuse* schreibt Félix Murat:

> »In Frankreich werden Allergiker nach einer ursprünglich aus den Vereinigten Staaten kommenden Methode zur Desensibilisierung gegen Allergene mit Pollenextrakten gespritzt. Die Behandlungsergebnisse dieser Methode wurden von einem Arzt des Broussais-Krankenhauses veröffentlicht. Bisher gilt die Behandlung als die beste bei Allergien, und besonders in schweren Fällen, wenn herkömmliche Methoden oder die Gabe von Antihistaminen versagten, wie zum Beispiel bei allergischem Asthma, zeigten sich gute Erfolge.
> Die Behandlung umfaßt anfänglich zwei Polleninjektionen pro Woche und wird später auf eine reduziert. Die gesamte Behandlung dauert von Mitte Februar bis Mitte Juli.
> Der einzige Nachteil dieser Methode sind gelegentliche heftige Reaktionen bei bestimmten Patienten. Deshalb sollte die Behandlung immer von einem Arzt durchgeführt und der Patient für mindestens eine Stunde nach der Injektion ärztlich überwacht werden. Leider sind viele Patienten ungeduldig und der Meinung, daß ihre Probleme über Nacht verschwinden. Sie vergessen dabei vollkommen, daß ihre zahlreichen Symptome (Allergien) sich im Lauf vieler Jahre entwickelt haben und ihre Heilung mindestens ebenso lange Zeit braucht.«

In *Folk Medicine* empfiehlt Dr. D.S. Jarvis Pollenbretter (die mit Pollen gefüllten Waben), die einmal täglich mindestens einen Monat vor Beginn des Heuschnupfens gekaut werden. Das läßt die Symptome des Heuschnupfens nur abgeschwächt oder gar nicht auftreten.
Im *American Bee Journal* preist Jarvis die wohltuenden Eigenschaften von Propolis (Bienenkittharz, ein Wabenbestandteil) an: »Diese Substanz wirkt besonders auf die Atmungsorgane... sie öffnet die Nase, trocknet die Schleimhäute, vermindert Schleimbildung und... Husten. Diese Eigenschaften und die beruhigende Wirkung auf den gesamten

Organismus legen den Verzehr der ganzen Waben, einschließlich Propolis, nahe.« Am konzentriertesten erhält man Pollen als Tablette oder pulverisiert in der Apotheke oder im Reformhaus. Er kann das ganze Jahr über täglich eingenommen werden und hilft, den Körper gegen Allergien zu desensibilisieren.

Quelle für Jugend, Vitalität und ein langes Leben

Dieses Qualitätssiegel erhält Pollen von Dr. Félix Murat, der noch weitere Vorzüge der »Wundernahrung aus dem Bienenstock« nennt:

> »Neben seinen anderen Vorzügen ist die antiallergische Wirkung von Pollen relativ unbedeutend. Weitaus wichtiger ist seine Eigenschaft, über unzählige Kettenreaktionen den gesamten Stoffwechsel anzuregen. Die im Pollen enthaltenen Mineralstoffe und Spurenelemente regen die Verdauung an und wirken katalytisch bei der Aufnahme von Nährstoffen, die anderenfalls vom Körper ausgeschieden würden.
>
> Fertiggerichte enthalten kaum Enzyme, Mineralien oder andere bekannte und unbekannte in Pollen vorkommende Inhaltsstoffe. Deshalb sind viele Menschen zwar überernährt, leiden aber an Nährstoffmangel und sind krank. Es gibt kaum noch Kinder, Frauen oder Männer, die aufgrund einer falschen Ernährungsweise oder der verschiedenen Umweltgifte nicht unter irgendeinem Gesundheitsproblem leiden, sei es allergisch oder nicht, unbedeutend oder ernsthaft, diagnostiziert oder bisher unbemerkt...
>
> Eine Pollendiät schenkt Gesundheit, Kraft und Lebensschwung, die uns im modernen Leben oft auf unbemerkte Weise abhanden gekommen sind. Warum nicht eine Pollenkur statt einer Grapefruit-, Gemüse- oder Saftdiät? Pollen ist ein Geschenk der Natur voll natürlicher Vitamine, Mineralien, Eiweiß und vieler anderer Stoffe, die ein gesundes Leben garantieren.«

Wie stärkt Pollen die Immunabwehr?

Theoretisch gelangt ein bestimmter Anteil des Pollens, den Sie über den Mund zu sich nehmen, nicht durch Ihren Verdauungstrakt, sondern unverändert in die Blutbahn. Pollenkörner sind mit einer zähen äußeren Hülle umgeben, die den Inhalt schützt, konserviert und über Wochen oder Monate funktionsfähig erhält. Die tägliche Einnahme von Pollen erhöht die Konzentration dieser lebenswichtigen Pollen-Inhaltsstoffe im Blut und schützt über ein gestärktes Immunsystem sogar vor allergischen Reaktionen auf eingeatmeten Pollen.

Die orale Pollenaufnahme wirkt ähnlich wie eine vom Arzt verabreichte Injektion mit synthetischem Pollen. Der Unterschied besteht darin, daß Sie Ihren Körper mit *natürlichem* Pollen ernähren, daß Sie Ihr *natürliches* Immunsystem stärken, während alle chemischen Erzeugnisse die bekannten Risiken und Nebenwirkungen mit sich bringen. Außerdem müssen die Injektionen mit synthetischem Pollen jedes Jahr aufs neue wiederholt werden. Bei der oralen Einnahme von Pollen werden diese Injektionen vermieden, und der Körper muß nicht gleichzeitig mit zwei »Eindringlingen« – Chemikalien und eingeatmeten Allergenen – fertig werden. Natürlicher Bienenpollen, den Sie als Nahrungsergänzung einnehmen, stärkt die Nasenschleimhaut und die Atemwege und unterstützt die Immunabwehr gegenüber eingeatmetem Pollen.

Dr. Bodog F. Beck schreibt in seinem Buch *Honey and Your Health*, er sei

> »...wiederholt auf die wohltuende Wirkung von Honig auf Heuschnupfenpatienten aufmerksam geworden. Zahlreichen Berichten zufolge soll die Einnahme von Goldruten- und Kreuzkrauthonig Heuschnupfen heilen, den der Pollen ebendieser Blüten auslöst.
>
> Inzwischen hat auch der Militärarzt Dr. George D. McGrew am William Beaumont General Hospital in El Paso, Texas, beobachtet, daß 33 an Heuschnupfen leidende Patienten ganz oder teilweise geheilt werden konnten, weil sie den in der Gegend hergestellten Honig aßen.
>
> Die Waben des Bienenstocks enthalten immer auch einen hohen Pollenanteil als Futter für die jungen Bienen. Die orale Einnahme dieses Pollens schwächt allmählich die allergische Reaktion des Immunsystems auf Pollen derselben Pflanzenart.

Dr. McGrew beobachtete weiter, daß besonders der Wabenhonig, der auch Bienenwachs enthält, die Symptome der Patienten linderte. Deshalb wurde in seiner Klinik den Patienten je nach Bedarf ein Pollen-Alkohol-Extrakt in einer Dosis von einem bis zu zehn Tropfen verabreicht.«

Pollen dient also als Hauptlieferant eines bestimmten Eiweißkörpers, der die Bildung von Gammaglobulin unterstützt. Dieses wiederum stärkt die körpereigenen Abwehrkräfte bei allergischen Reaktionen und anderen körperlichen Beschwerden.

Länger leben mit Pollen

Der Arzt Dr. G. Liebold aus Karlsruhe beschreibt in seinem Buch *Pollen: Wertvoller Nährstoff und Heilmittel,* wie Pollen den Prozeß des Alterns verzögern kann:

»Pollen sollte zur Prophylaxe und zur Behandlung unserer modernen Zivilisationskrankheiten eingesetzt werden. Der heutige Mensch ißt zuviel und nimmt dennoch häufig nicht die lebensnotwendigen Elemente zu sich, weshalb zunächst der durch mangelhafte Ernährung, Streß oder durch andere schädliche Einflüsse ausgelöste schlechte körperliche Allgemeinzustand verbessert werden muß.
Bienenpollen eignet sich vorzüglich auch zur Prophylaxe und als Heilmittel bei Symptomen vorzeitigen Alterns und sollte generell bei allen Altersleiden als natürliches Arzneimittel verordnet werden.
Bienenpollen steigert das geistige und körperliche Leistungsvermögen, vor allem die Konzentrationsfähigkeit und das Gedächtnis, regt den nachlassenden Stoffwechsel an und stärkt die Herzkreislauf- und Lungenfunktion.
Das Heilmittel aus dem Bienenstock beseitigt Beschwerden wie Arteriosklerose, zerebrale Insuffizienz und zelluläre Störungen. Pollen schützt vor altersbedingtem Nährstoffmangel; er ist auch gut für schwangere und stillende Frauen.

Pollen beschleunigt die Genesung nach schwerer Krankheit oder nach einer Operation, stärkt die körpereigene Immunabwehr, stimuliert die geistig/seelische Streßabwehr und wirkt ausgleichend bei vegetativen beziehungsweise hormonellen Störungen.

Die Zusammensetzung von Pollen ist äußerst komplex. Er enthält eine Fülle von Nährstoffen und lebenswichtigen Substanzen, wie man sie in der Natur kein zweites Mal findet. Die heilende Wirkung von Pollen kann somit allein auf seine vollkommene natürliche Zusammensetzung zurückgeführt werden.«

Pollen ist also nicht nur gut für Bienen, sondern das hervorragendste natürliche Nahrungsmittel schlechthin. Vielleicht verleiht auch Ihnen die in Pollen enthaltene Antriebskraft ein längeres und gesünderes Leben.

3 Propolis

Was ist Propolis?

Propolis ist das Baumaterial, mit dem die Biene Sprünge und Risse in den Waben verkittet und abdichtet und ihre Behausung vor äußeren Einflüssen, vor Eindringlingen und vor Keimen abschirmt. Bei diesem Rohstoff handelt es sich um eine zähe, harzige Masse, die die Blattknospen verschiedener Bäume schützt und vor dem Austrocknen bewahrt. Ihre Farbe hängt von der jeweiligen Pflanze ab, von der sie stammt: sie kann dunkel- oder hellbraun sein, rötlich oder gar violett gefärbt. Die Bienen sammeln sie von den Blättern der Laubbäume – von der Roßkastanie zum Beispiel, noch lieber von der Pappel – oder in den Rindenspalten von Fichten, Lärchen und anderen Nadelbäumen. Sie vermengen dieses Harz mit Enzymen, Pollen und Wachs und transportieren es in den kleinen »Taschen« an ihren Beinen zurück in den Bienenstock. Dort wird es mit Drüsensäften angereichert und zur Reparatur von Waben und unerwünschten Öffnungen verwendet.
Die Biene erzeugt mehrere Stoffe mit antibakteriellen Eigenschaften, aber Propolis ist einer der wichtigsten Wirkstoffe gegen Infektionen im Stock. Bienen leben sehr eng zusammen – ein Volk kann aus 40000 bis 50000 Tieren bestehen–, so daß eine Infektion sich rasch ausbreiten und eine große Katastrophe verursachen könnte.

Propolis als Bollwerk und Selbstschutz

Der Name »Propolis« stammt aus dem Griechischen: *pró* bedeutet »vor« und *polis* »Stadt« – eine Verteidigungsanlage, die die Bienen zum Schutz ihrer »Wachsstadt« errichten. Mit Propolis befestigen die Bienen nicht nur lockere Wandstücke und dichten Waben ab, um Kälte und Feuchtigkeit fernzuhalten, sondern errichten zusätzlich Gänge zwischen dem Einflugloch und den Waben, so daß nur wenige Wächterinnen zur Bewachung des Eingangs nötig sind: ein Labyrinth leitet Eindringlinge in die Irre.

Das Kittharz reguliert auch das Klima im Inneren des Stocks, denn sobald es aushärtet, bildet es eine Isolierungsschicht nach außen. Gleichzeitig wird das gesamte Innere des Bienenstocks mit Propolis überzogen, um die zarten Flügel vor scharfen Kanten und Unregelmäßigkeiten zu schützen. Auch die Waben sind mit Kittharz ausgekleidet: bevor die Königin ihre Eier ablegt, werden die Waben einzeln gereinigt und mit einer mikroskopisch dünnen Schicht aus Propolis überzogen. Erst dann werden die Eier in die nun nahezu sterilen Brutzellen gelegt.

Man weiß, daß Viren und Bakterien Bienen nichts anhaben können. Die natürliche Fähigkeit, sich vor ansteckenden Krankheiten zu schützen, ist für Bienen sehr wichtig, da sich sonst jeder eindringende Keim unbegrenzt vermehren und schnell ein ganzes Volk vernichten könnte, das im Bienenstock auf engstem Raum zusammenlebt. Tag für Tag fliegen Bienen in einer immer stärker verschmutzten Umwelt. Sie sind dabei vielen Chemikalien ausgesetzt, von denen manche sie in kürzester Zeit vernichten könnten – was aber nicht der Fall ist: offensichtlich besitzen sie einen außergewöhnlich starken Schutzmechanismus.

Heute weiß man, daß Propolis als natürliches Antibiotikum keimtötend wirkt; deshalb können Bakterien sich selbst in der Umgebung von 50000 Bienen kaum ansiedeln: immer wieder zeigt sich, daß keine andere tierische Behausung so keimfrei wie ein Bienenstock ist. Propolis versiegelt den Bienenstock nicht nur nach außen, sondern schützt die Bienen auch vor Bakterien- oder Virusinfektionen: manchmal wird hinter dem Einflugloch eine Propolisschwelle errichtet, die jede heimkehrende Biene überqueren muß; dort »dekontaminiert« sie sich, um das Innere des Bienenstocks keimfrei zu halten – sie streift etwaige Keime ab, die sie von draußen mitgebracht hat.

Wenn zum Beispiel ein Nagetier in den Bienenstock eindringt, wird es zu Tode gestochen. Die Bienen sind jedoch nicht in der Lage, den schweren Körper aus dem Stock zu entfernen; deshalb hüllen sie das ganze Tier zum Schutz gegen Fäulnis zuerst in Propolis und dann in Wachs: auf diese Weise einbalsamiert, überdauert der Kadaver mindestens fünf Jahre, ohne zu verwesen. Auch Bakterien und Viren werden, wie Wissenschaftler beobachtet haben, auf ähnliche Weise neutralisiert. Der eingedrungene Keim wird in Propolis gehüllt, versiegelt und damit unschädlich gemacht. Hier sind Substanzen am Werk, die auch den menschlichen Organismus reinigen und vor Infektionen bewahren können; aber anders als im Fall von Penizillin oder anderen Antibiotika können Bakterien und Viren gegen Propolis keine Resistenz entwickeln.

Wundermittel aus dem Bienenstock

Auf der Suche nach einem rein natürlichen Heilmittel war Propolis ein Durchbruch im wahrsten Sinn. Das Bienenkittharz Propolis ist das wirksamste natürliche Antibiotikum, auf das der Mensch je gestoßen ist; diese Erkenntnis erfolgte wahrscheinlich bereits vor mehr als zweitausend Jahren, wurde vergessen und in diesem Jahrhundert wiederentdeckt. Propolis hilft aber nicht nur gegen Bakterien, sondern auch gegen Virusinfektionen, und sie lindert und heilt viele andere Krankheiten, von der gewöhnlichen Erkältung bis zur Arthritis und zu Strahlenschäden, sogar Magengeschwüre. Sie verhindert, daß einzelne Zellen sich aus dem Gewebeverband lösen und im Körper wandern, das heißt, sich wie typische »Krebszellen« verhalten. Sie enthält alle wichtigen bekannten Nährstoffe und gilt als »Vollwertnahrung« mit erstaunlicher Heilwirkung.

Unter der Lupe

Professor Varro E. Tyler, Dekan des Fachbereichs Pharmazie an der Purdue-Universität und Autor des Buches *The New Honest Herbal*, schreibt über Propolis:

> »Im Gegensatz zu Pollen, der zwar in der Volksheilkunde schon früh seinen Platz hatte, in der Medizin aber erst seit einiger Zeit anerkannt ist, war Propolis bereits im 17. Jahrhundert im *Britischen* Arzneimittelbuch vermerkt. Dennoch geriet das Kittharz zwischen dem 17. und der zweiten Hälfte des 20. Jahrhunderts vollkommen in Vergessenheit und lenkt erst seit wenigen Jahrzehnten das Interesse von Laien und Wissenschaftlern wieder auf sich. Das ungewöhnliche Heilmittel ist harzig braun. Bienen sammeln das Harz von den

Knospen verschiedener Pappeln und Nadelbäume, um Fugen und Ritzen im Bienenstock zu verkleben.
Befürworter der Propolistherapie behaupten, ihre antibakterielle Wirkung sei größer als die von Penizillin und anderen gängigen Antibiotika. Propolis rege das Immunsystem an und erhöhe damit indirekt die natürliche Körperabwehr.
Propolis soll besonders bei der Behandlung von Tuberkulose Wunder wirken, hilft aber auch bei Zwölffingerdarmkrebs und Magenbeschwerden. Bei der äußerlichen Anwendung als Salbe eignet sie sich zur Behandlung der verschiedenen Arten von Dermatitis, besonders wenn diese durch Bakterien oder Pilze ausgelöst wurden.
Üblicherweise ist Propolis in Form von Kapseln (rein oder zur Hälfte mit Pollen vermischt), Lutschtabletten, Salben, Kaubonbons oder als Pulver (für Tinkturen) erhältlich.
Inzwischen wurden über 25 Inhaltsstoffe von Propolis wissenschaftlich auf ihre antibiotische Wirkung gegen verschiedene Bakterien und Pilze untersucht... Eine vor kurzem veröffentlichte Untersuchung polnischer Wissenschaftler belegt, daß Propolis neben ihren bekannten bakteriostatischen und mykostatischen Eigenschaften das Wachstum von Einzellern (Protozoen) hemmt, die Knochenbildung beschleunigt, regenerierend auf bestimmte Gewebe wirkt, enzymatische Prozesse stimuliert und bei manchen Zellen die Teilung oder das Wachstum bremst. Dennoch sollte betont werden, daß alle Versuche *in vitro,* das heißt im Reagenzglas, ausgeführt wurden und nicht mit Versuchstieren oder am Menschen.
Die flavonoiden Pigmente der Propolis scheinen schwach antibakterielle und antimykotische Eigenschaften zu besitzen, die jedoch nicht an die Wirkung der sonst bei derartigen Erkrankungen üblichen Medikamente heranreichen. Andere mögliche therapeutische Eigenschaften müssen erst noch klinisch getestet werden.«

Schutz gegen bakterielle Infekte

In seinem Buch *Prescription for Natural Healing* führt Dr. James Balch, Mitglied der Amerikanischen Chirurgischen Akademie Greenfield in Indiana, aus:

»Propolis ist eine harzartige Substanz, die Bienen von den verschiedenen Pflanzen sammeln, aber nicht selbst herstellen können. Dieses Kittharz dient neben Wachs zum Bau der Waben.
Darüber hinaus wirkt Propolis erfolgreich gegen bakterielle Infektionen. Ein sowjetischer Forscher entdeckte ihre anregende Wirkung auf die weißen Blutkörperchen, die aktiviert werden, in den Körper eingedrungene Bakterien zu vernichten. Häufig verabreichen sowjetische Ärzte ihren Patienten deshalb Honig vor einer Operation zum Schutz vor Infektionen...
Aufgrund ihrer antibakteriellen Wirkung eignet sich Propolis auch als Salbe bei Schürfungen und Prellungen. Berichten zufolge erzielte die Behandlung mit Propolis gute Erfolge bei Entzündungen des Mund- und Rachenraums, trockenem Husten und Halsschmerzen, bei Mundgeruch, Mandelentzündung und Geschwüren...
Bienenprodukte sollten immer frisch und gut verschlossen sein. Am besten werden die Produkte über einen auf Bienenerzeugnisse spezialisierten Händler bezogen. Für die Behandlung von Allergien sollten Bienenprodukte aus der jeweiligen Umgebung (nicht weiter als 20 Kilometer im Umkreis) verwendet werden. Auf diese Weise erhalten Allergiker zur Desensibilisierung winzige Dosen des in der Gegend üblicherweise vorkommenden Pollens.«

Heilmittel vergangener Zeiten

Propolis wurde, wie die anderen Bienenprodukte, schon vor Jahrhunderten zum Nutzen des Menschen als wirkungsvolles Heilmittel zur Behandlung von Wunden und sogenannten »unheilbaren« Zuständen, von Entzündungen und Infektionen eingesetzt. Freilich war man damals nicht in der Lage, die Wirkung zu analysieren, doch war bekannt, daß Harze, zumal das Bienenkittharz, eine Schutzschicht über Wunden bilden, Verunreinigungen und Keime entziehen und den Prozeß der Heilung beschleunigen.
Der griechische Arzt Hippokrates (etwa 460 bis 377 v. Chr., der »Urvater« aller Ärzte) verschrieb die harzartige Substanz sowohl zur inneren wie auch zur äußeren Anwendung und heilte Wunden der Haut und Geschwüre in Magen und Darm.

Auch die Ägypter heilten viele Krankheiten mit Propolis: das belegen zum Beispiel altägyptische Vasen mit Darstellungen von Bienen, die Propolis herstellen; man weiß auch, daß Bienenmotive im allgemeinen häufig mit den königlichen Titeln verknüpft waren und Kunstgegenstände zierten, die als Auszeichnung überreicht wurden.
In der römischen Mythologie wurden die Bienen von Hornissen und der Sonne erzeugt, und der Legende nach verwandelte Jupiter die schöne Melissa in eine Biene, die fortan die wunderbaren Heilsubstanzen herstellte.

Propolis bei den Römern

In seiner umfassenden *Naturkunde* erwähnt der römische Gelehrte Plinius (23 bis 79 n. Chr.) den Gebrauch von Harzen im allgemeinen; ausführlich aber setzt er sich mit dem Nutzen von Propolis auseinander. Er unterscheidet drei verschiedene Schichten von Kittmaterial, mit dem die Bienen arbeiten:

> »Erst bauen sie Waben und formen das Wachs, das heißt, sie bauen ihre Wohnungen und Zellen, dann erzeugen sie ihre Nachkommenschaft und danach Honig, Wachs aus Blüten, Bienenharz aus den Tropfen der Baumausscheidungen, aus dem Saft, dem Klebstoff und dem Harz von Weiden, Ulmen und Rohr. Zuerst beschmieren sie damit das Innere des Stockes wie mit einem Stuckbelag, und dann bespritzen sie es mit anderen, bitteren Säften zum Schutz gegen die Gier anderer kleiner Lebewesen, weil sie wissen, daß sie etwas herstellen, was möglicherweise begehrt wird. Mit demselben Material umgeben sie auch das Flugloch.
> Die ersten Schichten zwischen der Außenlage und dem Wachs, Stoffe von beträchtlichem Nutzen für Medikamente, werden von Experten als *commosis*, die zweiten als *pissoceros*, die dritten als *propolis* bezeichnet... Propolis wird aus der Ausscheidung der Weinrebe und der Pappel gewonnen und wird aus einer festen Masse durch das Hinzufügen von Blüten erzeugt. Obwohl sie noch nicht Wachs ist, dient sie zur Stabilisierung der Waben. Die Bienen schützen sich damit vor Kälteeinbrüchen und verhindern Beschädigungen. Sie halten damit die Brutwaben und den inneren Bienenstock rein, verschließen undichte Stellen und verkleinern den Eingang zu ihrer *polis*.«

Plinius berichtet weiter, daß »Ärzte Propolis verwenden, um Stachel oder andere Splitter aus der Haut zu entfernen, Schwellungen zu lindern, verhornte Hautstellen aufzuweichen, verkrampfte Muskeln zu lösen und Wunden zu heilen, die bereits als unheilbar gelten«.

Europäer entdecken Propolis

In seinem berühmten Kräuterbuch *Die Geschichte der Pflanzen* (London 1597) schreibt John Gerard über »die harzige oder klebrige Substanz der Schwarzpappelknospen« und preist sie als schnelles und wirkungsvolles Mittel gegen viele Krankheiten. Apotheker, sagt er, benutzen sie, um daraus Salben herzustellen. Und in Nicholas Culpepers *Vollständigem Kräuterbuch* steht unter der Überschrift »Die Pappeln«: »Die jungen Blätter eignen sich hervorragend für Umschläge bei harten und schmerzhaften Schwellungen. Im Frühjahr entfalten die Knospen der Schwarzen und der Weißen Pappel einen angenehmen Duft. Zerdrückt man sie zwischen den Fingern, tritt eine cremig-harzige Substanz aus, die nach Storax riecht.« Culpeper fährt fort: »Die Populneum genannte Salbe, die aus dieser Pappel hergestellt wird, ist gut gegen jede Art von Fieberhitze und Entzündungen in jedem Teil des Körpers und mildert Wundfieber. ... Eine Drachme dieser Tinktur wird bei inneren Geschwüren und bei äußerlichen Wunden zusammen mit Brühe verabreicht, und es heißt, sie habe schon hartnäckige und unnatürliche Darmabsonderungen beseitigt.«

Propolis und ihre Inhaltsstoffe

Propolis ist also eine harzartige Substanz, die Bienen von den Blattknospen, Trieben und jungen Zweigen bestimmter Bäume sammeln. Dieser als Sekret abgeschiedene Pflanzensaft dient zur Bekämpfung von Infektionen und Krankheiten oder versiegelt beschädigtes Pflanzengewebe. Welche Stoffe aber machen Propolis zu einem so wirkungsvollen Heilmittel?
Der dänische Wissenschaftler und Propolis-Fachmann Dr. K. Lund Ågård schreibt in seinem Artikel »Propolis, ein Naturprodukt: Der Weg zum gesunden Leben«:

»Propolis ist ein Bienenprodukt, das sich besonders eignet, die in Pflanzen enthaltenen aktiven Substanzen für den Menschen zu erschließen. Es besteht überwiegend aus dem harzigen Saft von Pappel- und Weidenknospen und wird von Bienen mit Drüsensäften und Wachs angereichert.

Bisher konnten 19 verschiedene chemische Inhaltsstoffe isoliert werden, zum Beispiel die Gruppe der sogenannten Flavonoide – Betulen, Betulenol und Isovanillin, Harze, ungesättigte aromatische Säuren, Koffein und Ferulsäure–, die allesamt auf biologische Weise wirken.

Neben dem bevorzugten Pappelknospensaft dient auch das Harz vieler anderer Baumknospen als Rohstoff für das Kittharz der Bienen. Seine Hauptbestandteile, die wirksamen chemischen Inhaltsstoffe, unterscheiden sich jedoch kaum, nur die Verhältnisse der einzelnen Inhaltsstoffe schwanken je nach pflanzlicher Herkunft.

Im Verlauf vieler Jahre hatte ich Gelegenheit, zahlreiche Krankheiten zu untersuchen und an ihnen die Wirkung von natürlicher Propolis zu erproben. In enger Zusammenarbeit mit anderen Ärzten konnten mehr als 50000 Untersuchungen an Patienten in ganz Skandinavien durchgeführt werden, die eindeutige Ergebnisse lieferten.

Propolis eignet sich zur Behandlung von außergewöhnlich vielen Krankheiten wie: Schwellung des Dickdarms, Augenentzündungen, Infektionen der Harnwege, Halsentzündungen, Gicht, offenen Wunden, Nebenhöhlenentzündungen, Erkältungen, Grippe, Bronchitis, Gastritis, Krebs, Ohrenkrankheiten, Parodontose, Darminfekten, Geschwüren, offenen Ekzemen, Lungenentzündungen und anderen Lungenkrankheiten, Arthritis, Mageninfektion, Kopfschmerzen, Parkinson, Gallenleiden, Sklerose, Kreislaufstörungen, Warzen, Bindehautentzündungen und Heiserkeit.

Propolis wirkt regulierend auf den Hormonhaushalt und stimuliert aufgrund ihrer antibiotischen Eigenschaften die natürlichen Abwehrkräfte des Körpers. Propolis schützt Kranke und Gesunde vor schädlichen Migroorganismen, eignet sich zur Behandlung von bakteriellen, viralen und mykotischen Zuständen und kann dank ihrer einzigartigen natürlichen Zusammensetzung eigentlich bei fast allen Krankheiten Hilfe bringen.

Im Rahmen dieses Forschungsprojekts mit über 1000 Einzelfällen sollte ein Mittel gefunden werden, das sich zur Behandlung von möglichst vielen verschiedenen Krankheiten eignete. Die zahlreichen Heilerfolge mit Propolis sprechen für sich selbst, und die Zahl derer, die sich mit Propolis behandeln lassen, wächst weiter.«

Was enthält Propolis?

Propolis enthält etwa 55 Prozent aromatische und nichtaromatische Harze, 30 Prozent Wachs, zehn Prozent ätherische Öle und fünf Prozent Pollen. Alle diese Stoffe wirken keimtötend, doch im Gegensatz zu synthetischen Mitteln wie Penizillin, die gelegentlich allergische Reaktionen auslösen können, zeitigen die antibiotisch wirkenden Inhaltsstoffe von Propolis keine schädlichen Nebenwirkungen. Dieses Ergebnis konnte in über 16000 klinischen Untersuchungen bestätigt werden.

Daneben sind in Propolis zahlreiche Aminosäuren, die Spurenelemente Eisen, Kupfer, Mangan und Zink, natürliche Antibiotika und viele Vitamine, besonders die wertvollen Bioflavonoide enthalten.

Propolis ist gewöhnlich grünbraun bis kastanienbraun und duftet angenehm nach Pappelknospen, Honig und Vanille.

Die Flavonoid-Verbindung

Die natürliche Heilwirkung der Propolis beruht wahrscheinlich auf seinem hohen Gehalt an Bioflavonoiden, einer Stoffgruppe, die die Wirkung von Vitamin C unterstützt. Bioflavonoide wurden besonders bei der Behandlung von schwachen Blutgefäßen erfolgreich eingesetzt. Sie festigen die Blutgefäße und verbessern die Durchlässigkeit; außerdem wirken sie gefäßerweiternd und entwässernd und unterstützen die Immunabwehr. In medizinischen Kreisen werden Bioflavonoide häufig als Vitamin P bezeichnet.

Die Bedeutung der Bioflavonoide

Der Naturarzt Dr. Paavo Airola aus Arizona beschreibt begeistert den Wert von Bioflavonoiden:

»Im Verlauf der letzten 30 Jahre hatten viele Studienprojekte und klinische Untersuchungen die Erforschung der vorbeugenden und heilenden Wirkung von Bioflavonoiden zum Ziel.
Weltweit veröffentlichten bedeutende medizinische Fachzeitschriften über 500 Artikel zu diesem Thema. Klinische Untersuchungsergebnisse belegen, daß der Einsatz von Bioflavonoiden bei den unterschiedlichsten Erkrankungen gute Erfolge zeigt, zum Beispiel bei Rheuma, nach Fehlgeburten, bei Bluthochdruck, Entzündungen der Atemwege, Hämorrhoiden, Leberzirrhose und so weiter.«

Und dieser Vitalstoff ist in Propolis enthalten!
In Europa ist die Heilwirkung der Propolis besonders bei Viruserkrankungen schon lange bekannt und wird überwiegend auf den hohen Bioflavonoidgehalt zurückgeführt. In einem Interview beschrieb Dr. Bent Havsteen von der Universität Kiel diese Erfahrungen:

»Die im Kittharz enthaltenen Bioflavonoide schützen vor Virusinfektionen. Viren besitzen gewöhnlich eine Eiweißhülle, die das gefährliche infektiöse Material umgibt. Solange die Hülle unversehrt bleibt, können diese Substanzen nicht entweichen, und die Viren sind harmlos. Ein bestimmtes Enzym kann diese Hülle jedoch zersetzen. Wie unsere Untersuchungen gezeigt haben, wird dieses Enzym von Propolis-Flavonoiden gehemmt, die Eiweißhülle bleibt unversehrt, und die gefährlichen Inhaltsstoffe gelangen nicht in den Körper. Dank den Flavonoiden bleibt das Virus intakt und somit inaktiv. Dieser Zustand könnte auch als künstliche, durch Propolis-Flavonoide erlangte Immunität bezeichnet werden.«

Im einzelnen beschreibt er die Wirkung dieser Stoffe an einigen Beispielen:

Halsschmerzen

»Halsschmerzen sind ein Zeichen für gereizte und entzündete Schleimhäute. Gewöhnlich gehen die Symptome mit Schmerzen und leichtem Fieber einher; Auslöser sind eine Gruppe von Gewebshormonen (Prostaglandinen). Flavonoide hemmen die Prostaglandinsynthese und stärken auf diese Weise die Körperabwehr bei Halsschmerzen und ähnlichen Beschwerden.«

Natürliches »Aspirin«

Laut Dr. Havsteen ist »die Wirkung von Propolis-Flavonoiden nahezu identisch mit der von Aspirin. Beide hemmen dasselbe Enzym, doch hat Propolis den Vorteil, keine schädlichen Nebenwirkungen nach sich zu ziehen. Sie kann daher als natürliches Aspirin bezeichnet werden.« Propolis-Flavonoide hemmen besonders die für die Prostaglandinsynthese verantwortlichen Enzyme. In den meisten Fällen genügt schon eine kleine Dosis Propolis, um die durch Prostaglandin verursachten Symptome wie Schmerzen und Fieber zu beseitigen.

Stimulation der Interferonproduktion

Interferon ist ein natürliches Eiweiß, das viele Krankheiten erfolgreich abwehrt. Dr. Havsteen erklärt die Bildung dieses natürlichen Abwehrstoffes damit, daß »die im Kittharz enthaltenen Flavonoide die weißen Blutkörperchen oder Lymphozyten zur Interferonproduktion stimulieren. Interferon bietet gegen viele ansteckende Krankheiten einen außerordentlich wirkungsvollen Schutz.«

Linderung bei Allergien

Propolis enthält außerdem die zur Behandlung von Allergien eingesetzten Stoffe Histamin und Serotonin. Wie Dr. Havsteen erklärt, können zu große Mengen dieser Stoffe aber auch allergische Reaktionen auslösen:

> »Histamin und Serotonin sind Gewebshormone, die in den Mastzellen gespeichert werden. Sobald sich ein Allergen an die Zellmembran der Mastzellen anheftet, werden die Hormone freigesetzt und verursachen eine allergische Reaktion. Ziel ist es also, das ›Auslaufen‹ der Mastzellen zu verhindern. Unsere Untersuchungen zeigten, daß sich Flavonoide aus Propolis dazu eignen. Sie hemmen die Säuren, die die Zellmembran zerstören, und verhindern so, daß freige-

setzte Histamine eine Allergie hervorrufen. Es zeigt sich also erneut, daß Propolis die körpereigene Abwehr stärkt.«

Parodontose

Zu den Hauptursachen von Zahnverlusten zählen Zahnbettschwund und krankhafte Veränderungen des Zahnfleischs und des Zahnhalteapparates. Entzündungen und infektiöse Blutungen schwächen die Verankerung der Zähne im Kieferknochen und führen schließlich zu ihrem Verlust. Zur Behandlung schlägt Dr. Havsteen Propolis vor, da die darin enthaltenen Bioflavonoide »die Bildung des entzündungsfördernden Prostaglandins hemmen«. So können Blutungen eingedämmt und über die Stimulierung von Enzymen die Blutgefäße des Gaumens gestärkt werden. Zur Behandlung des erkrankten Zahnbetts sollten Parodontosepatienten zusätzlich täglich Propolis in Form von Lutschtabletten einnehmen.

Heilerfolge mit Propolis

Aus allen Ländern berichten Wissenschaftler über die Heilerfolge von Propolistherapien unter ärztlicher Kontrolle.

Strahlenkrankheit

Am Radiologischen Institut im damals noch jugoslawischen Sarajewo wurden Patienten behandelt, die unter Strahlenschäden beziehungsweise der Strahlenkrankheit litten. Diese Patienten zeigten ernsthafte Leberschäden als Folge eines durch Röntgen- und Gammastrahlen geschädigten Eiweißstoffwechsels. Im Verlauf einer zweimonatigen Doppelblindstudie wurde ein Teil der Patienten mit Propolis behandelt, während die übrigen nur ein Scheinmedikament ohne Wirkstoff, ein sogenanntes Placebo, erhielten. Diejenigen Patienten, die Propolis bekommen hatten, zeigten nach Aussage der Ärzte »eine deutlich verbesserte Smpytomatik oder waren symptomfrei«. Die Kontrollgruppe hingegen wies unverändert die Symptome der Strahlenschäden auf.

Hohe Blutfettwerte

Dr. Fang Chu vom Provinzkrankenhaus Kiangsu in China machte folgende Erfahrungen mit Propolis. Er behandelte 45 Patienten mit überhöhten Blutfettwerten (Hyperlipidämie), die außerdem unter hohem Blutdruck, Arteriosklerose und koronaren Erkrankungen litten, vier Wochen lang täglich mit 0,3 Gramm Propolis zur oralen Einnahme: »Die klinischen Ergebnisse legen nahe, daß Propolis die Blutfettwerte senkt und eine positive Wirkung auf Arteriosklerose und die Herzkranzgefäße hat.«

Geschwüre

Zur Behandlung von Geschwüren verwendete Dr. Franz Klemens Feiks aus Österreich fünfprozentigen Propolisextrakt. »Wir verordneten vor den drei Hauptmahlzeiten fünf Tropfen Extrakt in etwas Wasser, und schon nach drei Tagen litten die so behandelten Patienten in sieben von zehn Fällen weniger unter Schmerzen. Nach zehn Tagen Propolisbehandlung waren bei sechs von zehn Patienten die Geschwüre vollkommen verschwunden.« Laut Dr. Feiks bewirkt Propolis nicht nur eine Rückbildung der Geschwüre, sondern fördert auch die innere Heilung, so daß keine sichtbaren Läsionen zurückbleiben.

Herpes zoster

Bei dieser Viruserkrankung der Nerven bildet sich entlang dem Verlauf von infizierten Nervenbahnen auf der Haut ein Bläschenausschlag. Als erstes Symptom erscheint gewöhnlich ein Bläschenherd, der mit Schmerzen verbunden ist. Den betroffenen Patienten verabreichte Dr. Feiks einmal täglich eine fünfprozentige Propolislösung. »Schon nach 48 Stunden verschwanden in allen 24 behandelten Fällen die Symptome, ohne erneut aufzutreten. In drei Fällen blieb nur ein länger anhaltender Juckreiz zurück. Als feiner Nebel mit einem Zerstäuber auf den Ausschlag aufgetragen, blieb Propolis wirkungslos, weshalb wir stark betroffene Stellen mit der Lösung bepinselten.«

Hilfe bei Frauenleiden

Propolis eignet sich gut zur Behandlung von gynäkologischen Beschwerden oder Frauenleiden. Besonders drei Ärzte der Frauenklinik des medizinischen Instituts der Krim können Positives über ihre Erfahrungen mit Propolissalbe berichten.
Die Ärzte behandelten Gebärmutterhalserosionen und -entzündungen, Zellanomalien und Vaginalbeschwerden. Betroffenes Gewebe wurde mit Propolissalbe bestrichen, und schon nach vier bis fünf Tagen konnten erste Besserungen beobachtet werden. Dank der *täglichen* Anwendung der Salbe war nach zwölf Tagen der Heilungsprozeß abgeschlossen. Aufgrund individueller Unterschiede sprachen nicht alle Patientinnen auf die Behandlung mit Propolissalbe an; dennoch war die Therapie in 98 Prozent aller Fälle erfolgreich.
Bei Entzündungen der Vagina und des Gebärmutterhalses verschwanden nach der Behandlung mit Propolis die lokalen Symptome der Trichomonadenerkrankung, berichtete der polnische Gynäkologe Dr. Henryk Suchy. Er behandelte seine Patientinnen mit Vaginaltabletten, die 30 Milligramm Propolis enthielten und bei lokaler Anwendung die Gebärmutterhalsentzündung sowie die begleitenden Symptome heilten.
Andere polnische Gynäkologen behandelten in einem Test 60 Studentinnen bei Menstruationsschmerzen mit Propolis und waren damit bei 50 Studentinnen erfolgreich. Die Erklärung der Wissenschaftler: »Propolissalbe ist vollkommen unschädlich, löst keine Reizungen aus und regt eine schnelle Epithelbildung an.« Gute Heilerfolge konnte mit Propolissalbe auch bei Juckreiz, trockener Haut und Hämorrhoiden festgestellt werden.

Neue Hoffnung für Krebskranke

Mitja Vosnjak, der frühere stellvertretende jugoslawische Außenminister, kann über einen Patienten berichten, der hoffnungslos an Krebs erkrankt war: Ein Besucher brachte diesem Patienten ein Fläschchen flüssige Propolis, und der behandelnde Arzt verschrieb ihm, 10 bis 15 Tropfen in etwas Wasser dreimal täglich eine halbe Stunde vor den Mahlzeiten einzunehmen. Abgesehen davon erhielt der Patient keine

weiteren Medikamente mehr. Bereits nach wenigen Tagen, berichtet Mitja Vosnjak, habe der Patient verkündet, es sei ein Wunder geschehen, er habe keinerlei Schmerzen, Krämpfe und Blutungen mehr. Nach sechs Wochen konnte der Patient schon mehr essen und nahm sogar an Gewicht zu. Er hatte »gesunde, rote Wangen, hatte wieder seinen enthusiastischen, selbstsicheren Blick, entschlossene Bewegungen und einen schnellen, festen Gang. Außerdem schmiedete er Zukunftspläne, hatte Ideen und hoffte sehr, wieder wie früher arbeiten zu können. Die letzten sieben Jahre seiner Krankheit wollte er aus seinem Leben streichen, als hätten sie nie existiert.«
So wird Propolis die Kraft zugeschrieben, scheinbar unheilbare Krebserkrankungen unerwartet zu stoppen und so weit zu heilen, daß Patienten die Chance auf ein »zweites Leben« erhalten.

Was halten Ärzte von Propolis?

Nach Aussage von Dr. Roy Kupsinel aus Maitland, Florida, steckt Propolis voller Heilkräfte:

> »Ich verschreibe Propolis vielen Patienten als Nahrungsergänzung. Bei regelmäßiger Einnahme bekämpft Propolis aufgrund ihrer antibiotischen Wirkung beinahe alle Krankheiten ohne schädliche Nebenwirkungen. Bienen verlassen sich bereits seit 46 Millionen Jahren auf Propolis. Und das zu Recht, denn ein Bienenstock enthält weniger Bakterien und ist steriler als ein Krankenhaus! Propolis ist einfach unglaublich!«

Quelle der Lebensenergie

Dr. John Diamond, Präsident der Internationalen Akademie für Präventivmedizin, berichtet über seine zahlreichen positiven Erfahrungen mit Propolis:

> »Von allen natürlichen Nahrungsergänzungen, die ich untersucht habe, scheint Bienenkittharz oder Propolis die beste Wirkung auf die Thymusdrüse und damit die Lebensenergie zu haben; Bienen rei-

chern dieses von Bäumen ausgeschiedene Harz mit eigenen Sekreten an und benutzen es dazu, das Innere ihres Bienenstocks auszukleiden.
In einigen Ländern Europas wird Propolis eingehend klinisch getestet. Man weiß seit vielen Jahren, daß diese Substanz wirkungsvoll vor Bakterien, Pilzen und Viren schützt. Wir wissen inzwischen auch, daß Propolis über die Thymusdrüse das Immunsystem aktiviert.
Lebensenergie ist die Quelle für körperliches und geistiges Wohlbefinden, für intakte Gesundheit und für Lebensfreude... leider haben fast 95 Prozent der Bevölkerung zuwenig Lebensenergie. Ich habe noch keinen Patienten mit einer chronisch-degenerativen Erkrankung gesehen, der nicht unter einer Thymusdrüsenunterfunktion gelitten hätte... Ich glaube, daß eine Schwäche der Thymusdrüse oder ihre Unterfunktion die eigentliche Ursache vieler Krankheiten ist.«

Die Bedeutung einer leistungsfähigen Thymusdrüse ist unter Wissenschaftlern bekannt. Die Drüse liegt hinter dem Brustbein und besteht überwiegend aus Lymphozyten oder weißen Blutkörperchen, die bei Krankheit oder einer Infektion die Immunabwehr unterstützen. Durch Aktivierung der Thymusdrüse stimuliert Propolis auch die Immunabwehr und erhält die körperliche Gesundheit.

Antibakterielle Kräfte

Die bekannte russische Forscherin V.P. Kivalkina berichtet in *Antibiotics* über Versuche, die die bakterizide Wirkung von Propolis bestätigen. Sie untersuchte 28 Propolisarten aus den verschiedensten Gegenden der früheren Sowjetunion, Bulgariens und der ehemaligen Tschechoslowakei. Unabhängig von der Sammelstelle entfaltete Propolis seine Wirkung und wies bei sachgerechter Lagerung noch nach Jahren bakterizide Eigenschaften auf.

Reinigung von Zellen und Blut

Der Wissenschaftler V.A. Balalykin beschreibt neben der blutreinigenden und vitalisierenden Wirkung von Propolis auch deren Fähigkeit, in Zellen eingedrungene schädliche Bakterien zu vernichten. Tests ergaben, daß Propolis die Phagozytose anregt oder, anders gesagt, die weißen Blutkörperchen (Freßzellen) stimuliert. Bakterien und andere Schadstoffe werden eingeschlossen und »gefressen«: das bedeutet eine »selbstreinigende« Entgiftung des Blutes. Im wesentlichen bewirkt Propolis die beschleunigte intrazelluläre Verdauung von Staphylokokken (toxisch wirkenden Bakterien); sei unterstützt damit die Entgiftung von Zellen und Blut und stimuliert den Heilungsprozeß.

Widerstandskraft bei Grippe

Der sowjetische Forscher N.P. Iojris äußert sich über die einzigartige antigrippale Wirkung von Propolis. »Grippe ist eine durch Viren ausgelöste Erkrankung und betrifft hauptsächlich die Atemwege; weitere körperliche Symptome sind Fieber, Kopfschmerzen und Schwäche. Das Virus kann gefährlich werden, da die virale Symptomatik oft von einer bakteriellen Lungenentzündung überlagert wird.«
In Versuchen entdeckte Dr. Iojris, daß Propolis in Alkohollösung sich als vorbeugende Maßnahme gegen Grippe und andere Viruserkrankungen eignet.

Schutz vor Virusinfektionen

Auch der sowjetische Wissenschaftler K.A. Kuzmina erklärt in einem Artikel die stabilisierenden und kräftigenden Eigenschaften von Propolis damit, daß Propolis die gegen Viren gerichtete Phagozytose fördere. Außerdem steige der Gehalt des vor Viren schützenden Proteins Properdin im Blut, und bestimmte Antikörper beschleunigten den Abbau giftiger Substanzen.

Behandlung von Magen-Darm-Störungen

Propolis wirkt sich positiv bei Magenproblemen oder Erkrankungen des Zwölffingerdarms aus. Der Verdauungstrakt wird häufig von Geschwulsten und Geschwüren befallen. Russische Forscher stellten fest, daß Propolis die Bildung von Geschwulsten vermindert und bei bereits vorhandenen Geschwüren die Heilung beschleunigt.

Bei Patienten, die an Magen-Darm-Störungen wie Übelkeit, Sodbrennen, Appetitlosigkeit, Säureüberschuß oder zu geringer Magensäure litten, untersuchte Dr. F.D. Makarov die Wirkung einer Behandlung mit dreimal täglich 20 Tropfen Propolis. Nach drei bis fünf Tagen litt kein Patient mehr unter Schmerzen. Die Magensäureproduktion stabilisierte sich, Übelkeit und Sodbrennen verschwanden. Selbst die vergrößerte Leber mancher Patienten bildete sich auf ihre normale Größe zurück. Der natürliche Heilungsprozeß dauerte maximal zehn bis zwölf Tage und wurde allein durch die *täglichen* Propolisgaben ausgelöst. Der Wissenschaftler kommentierte dies so:

> »Wir kamen wie andere Autoren vor uns zur der Überzeugung, daß die Heilsubstanz Propolis bakterizide, antitoxische, entzündungshemmende und betäubende Eigenschaften besitzt. Zusätzlich normalisiert sie die Absonderung von Magensäften, und ich empfehle sie sehr zur Behandlung von Patienten mit Magen- und Darmgeschwüren (Abszessen des Duodenum). Mit Propolis werden die Patienten schneller gesund und müssen kürzer behandelt werden als mit herkömmlichen Medikamenten.«

Hautpflege bei Kleinkindern

Seit 1962 wird in der K.A. Rachfuß-Kinderklinik in St. Petersburg Propolissalbe besonders bei Patienten mit entzündeten Wunden oder bei Kleinkindern mit Gewebeschäden mit gutem Erfolg angewandt. Die dort arbeitende Ärztin Dr. G.F. Zabelina ist überzeugt, daß Propolis auf Wunden eine entzündungshemmende und desinfizierende Wirkung hat. Außerdem regt sie das Zellwachstum der Haut an. Dr. Zabelina empfiehlt Propolis auch zur Behandlung von entzündeten Verbrennungen.

Volkstümliche Heilmittel

Da Propolis den Bienenstock keimfrei hält, könnte dasselbe Prinzip auch bei gewöhnlichen und selteneren Krankheiten Gültigkeit haben. Dank Propolis werden infektiöse Krankheitserreger abgewehrt und der Patient von zahlreichen körperlichen Gebrechen geheilt. Auf den folgenden Seiten finden Sie eine Zusammenstellung der bekanntesten Volksheilmittel aus Propolis.

Rissige Lippen und wunder Gaumen

Einige Tropfen Propolislösung mit einem halben Glas Wasser verrühren, bis die Flüssigkeit eine milchig-weiße Färbung annimmt. Morgens wenig, mittags etwas mehr und abends den Rest trinken. Gut zur Behandlung von kleineren Wunden im Mund- und Rachenraum, rissigen Lippen und so weiter.

Blutergüsse

Propolis mit Honig verrühren, auf einen Gazetupfer geben und auf die betroffene Stelle legen. Über Nacht mit einem Verband bedecken und die Behandlung täglich wiederholen, bis der Bluterguß verschwunden ist.

Verbrennungen

Etwas Propolis auf die betroffene Stelle träufeln. Die kühlende Wirkung entfaltet sich schnell, und die Wunde ist bald verheilt.

Halsschmerzen

Eine Mahlzeit aus Propolis auf Vollkornbrot wirkt wie ein natürliches Antibiotikum. So können eingedrungene Viren und andere Erreger, die Halsschmerzen auslösen, bekämpft werden.

Natürliches Antibiotikum

Propolis empfiehlt sich bei allen Erkrankungen, die mit Antibiotikum behandelt werden müssen. Da Bienenkittharz ein »natürliches« Medikament und Antibiotikum ist, führt es nicht zu den von synthetischen Mitteln her bekannten allergischen Reaktionen oder unerwünschten Nebenwirkungen. Propolis hilft auch bei fiebrigen Entzündungen.

Unreine Haut

Einen Wattebausch mit Propolis tränken und Pickel, Akne oder andere Hautunreinheiten damit betupfen. So oft wie möglich wiederholen, besonders nach der Gesichtswäsche oder vor dem Schlafengehen. Nach kurzer Zeit tritt Besserung ein.

Schnupfen

Einige Tropfen Propolis in lauwarmem Wasser lösen. Wenn die Lösung mindestens dreimal täglich in die Nase geträufelt wird, läßt die Schleimbildung nach, die Entzündung der Nasenschleimhaut klingt ab, die verstopften Atemwege öffnen sich, und die Nasenatmung wird leichter.

Erkrankungen der Atemwege

Folgendes Mittel empfiehlt sich bei einem rauhen Hals oder bei hartnäckigem Husten: Einige Tropfen Propolis mit Honig verrühren und in Kräutertee lösen. Mehrmals täglich lauwarm trinken. Erleichtert die Atmung und verleiht eine »seidenweiche« Stimme.

Knochenverletzungen

Propolis mehrmals täglich tropfenweise trinken. Beschleunigt den Heilprozeß der Knochenmatrix.

Propolispräparate

Sobald das Bienenkittharz dem Bienenstock entnommen ist, wird es zu folgenden Präparaten verarbeitet:

Lutschtabletten
Sie verschaffen bei Halsschmerzen, erkältungsbedingtem Husten und ähnlichen Atemwegserkrankungen wirkungsvoll Erleichterung.

Kapseln
Konzentrierter Propolisextrakt in einer Hülle aus reiner Gelatine.

Tinktur
Tinkturen bestehen aus Propolis, das in einem Lösemittel, zum Beispiel Alkohol, verflüssigt wurde. Nach der anschließenden Kaltdestillation des Lösemittels im Vakuum bleiben nur die essentiellen Propolisöle zurück. Die Tinktur eignet sich zum Gurgeln bei Halsschmerzen (vier bis fünf Tropfen in einem halben Glas lauwarmem Wasser).

Salben
Propolistinktur in Salbe pflegt die Haut.

Tabletten
Ähnlich wie Kapseln, aber handlicher als diese.

Dragées
Besonders zum Kauen, da so die heilsamen Wirkstoffe besser freigesetzt werden.

Pulver
Pulverisiert zur leichteren Einnahme mit Wasser, Frucht- oder Gemüsesäften.

Dank ihrer leichten Anwendbarkeit und der schnellen Heilwirkung gilt Propolis als außergewöhnliches Geschenk der Natur. Das Bienenkittharz schützt das Bienenvolk auf mannigfache Weise und dient auch dem Menschen zur Abwehr von Krankheit und Alltagsstreß.

Propolis wirkt bei allen Beschwerden gleich gut – von entzündetem Zahnfleisch über Abgespanntheit bis zu Erschöpfungszuständen. Die harzige Substanz von bestimmten Bäumen ist für den Fortbestand der Bienen und besonders für den einzelnen Bienenstaat lebensnotwendig, da sie die Kolonie vor unheilvollen Eindringlingen schützt. Mit modernen Methoden wurde Propolis isoliert und weltweit unzählige Male zur Bekämpfung von Krankheiten eingesetzt. Es erwies sich stets als wirkungsvolles Heilmittel und Antibiotikum.

4 Gelée Royale

Gelée Royale – ein Jungbrunnen?

Allheilmittel oder Betrug? Wunderarznei oder Scharlatanerie? Die Meinungen über Gelée Royale sind sehr widersprüchlich: die einen schwören darauf, die anderen hegen Argwohn, und was soll man auch halten von einer Substanz, die zwar unbestreitbar außerordentliche Eigenschaften besitzt, aber so sehr über den grünen Klee gelobt wird, daß sie zwangsläufig zu Kontroversen führen muß? Die einen halten Gelée Royale für ein »Zaubermittel«, das alle Kranken gesund mache, Greise verjünge, die Menschheit verschöne... Andere hingegen prangern die Pseudoeigenschaften eines Produktes an, dessen einziger Zweck in der Bereicherung jener bestehe, die es ernten und verkaufen und ansonsten eine unaufrichtige Werbung dafür betrieben.
Beide Auffassungen sind nicht richtig, denn es fehlt ihnen am rechten Maß und Unterscheidungsvermögen. Der bedingungslose Glaube an die Unfehlbarkeit von Gelée Royale ist gewiß nicht angemessen; doch besitzt der Weiselfuttersaft tatsächlich anerkannte und nachweisbare Eigenschaften, die auch zu therapeutischen Zwecken dienen.

Was ist Gelée Royale?

Weiselfuttersaft

Gelée Royale, der sogenannte Weisel(Königinnen-)futtersaft, wird von den jungen Arbeitsbienen produziert, die für die Brutpflege zuständig sind. Die Drüsen, die den Futtersaft absondern, sind nur bei der Jungbiene voll entwickelt, die noch keine Brut gepflegt hat; sobald sie den Brutpflegedienst hinter sich hat, verkümmern sie und stellen ihre Aktivität ein. In diesem Zeitraum, zwischen dem dritten und dem elften Tag ihres Lebens, erfüllt die Biene die Funktion der Amme.
Mit Gelée Royale werden zunächst alle drei Bienenwesen – Königinnen, Arbeiterinnen und Drohnen – gefüttert: so großzügig, daß die

Larven buchstäblich im Futter schwimmen. Nach zwei Tagen wird diese Fütterung jedoch abrupt eingestellt, die Zusammensetzung und die Menge des Futterbreis ändern sich für Arbeiter- und Drohnenmaden drastisch: sie erhalten nur noch Honig, Wasser und Pollen, und dies nur bei Bedarf. Die Folge ist, daß im letzten Larvenstadium von Arbeitsbienen die Entwicklung der Geschlechtsdrüsen abbricht und nur die Drüsen zur Absonderung des königlichen Futtersafts und die Wachsdrüsen normal ausgebildet werden.

Die Entwicklung der Königin

Die Königinnenlarven jedoch werden weitere drei Tage mit Gelée Royale gefüttert: es ist ihre einzige Nahrung. Wahrscheinlich ist es die Ernährung, die eine Larve zur Königin oder zur Arbeiterin bestimmt: tatsächlich entwickeln sich bei der Königin Geschlechtsorgane, sie wird um 40 bis 60 Prozent größer als die Arbeiterinnen und wird bis zu fünf Jahre alt – ihre genetisch identischen »Schwestern« hingegen leben im Schnitt nur 35 Tage. (Eine durchschnittliche Königin ist 17 mm lang und wiegt 200 mg im Vergleich zu der 12 mm langen und 125 mg schweren Arbeiterin.)

Die Made, die allein mit Gelée Royale ernährt wird, legt binnen fünf Tagen das 1250fache ihres Gewichts zu. Das ist außerordentlich. Deutet nicht allein diese Tatsache schon auf den bemerkenswerten Nährstoffreichtum des Weiselfuttersaftes hin?

Die Königinnenlarve entwickelt auch einen anderen Stechapparat: anstelle des geraden Stachels der Arbeiterinnen ist der königliche Stachel gebogen. Dank der »Leibgarde« zur Verteidigung des Bienenstocks muß die Königin ihren Stachel jedoch niemals zur Abwehr von Eindringlingen einsetzen. Sie benutzt ihn allein zur Verteidigung ihrer Herrschaft, das heißt, um Nebenbuhlerinnen zu töten. Anders als die Arbeitsbienen kann sie ihren Stachel aus dem Opfer herausziehen und mehrmals stechen, ohne dabei umzukommen.

Ferner unterscheidet sich die Bienenkönigin von den Arbeiterinnen dadurch, daß sie keine Wachsdrüsen besitzt (denn sie muß keine Waben bauen), ebenso keine Schlunddrüsen zur Futtersaftproduktion wie die Ammenbienen. Außerdem fehlen ihren Hinterbeinen die Pollenhöschen, da sie weder Pollen noch Propolis sammelt.

Kein Bienenvolk kommt ohne Königin aus; deshalb entwickelt sich die zur Königin bestimmte Larve mit Hilfe des Weiselfuttersafts in nur 16 Tagen zu einer geschlechtsreifen Herrscherin. Arbeiterinnen benötigen dagegen 21 Tage für ihre Entwicklung. Doch das ist nicht der einzige Vorteil, mit dem die Natur die Bienenkönigin ausstattet. Im Vergleich zu den Arbeiterinnen, die nur wenige Wochen alt werden, beträgt die Lebensspanne der Königin, wie bereits erwähnt, drei bis fünf Jahre. Im Verlauf dieses vergleichsweise langen Lebens legt die Königin täglich etwa 2000 Eier, das entspricht beinahe dem Zweieinhalbfachen ihres eigenen Körpergewichts.
Gelée Royale ist auch weiterhin, während ihres ganzen Lebens, die einzige Nahrung der Königin: fünf Jahre lang wird sie von ihrem Volk ernährt, während deren sie nichts anderes tut, als Nachkommen zu produzieren. Das ist gewaltig, und man nimmt an, daß die Königin ihre Langlebigkeit der ausschließlichen Ernährung mit Gelée Royale verdankt. Deshalb wurde der Weiselfuttersaft in den letzten zwanzig Jahren genauer erforscht, und man weiß jetzt das Wesentliche über seine Zusammensetzung.

Die Ernte

Der Ernährungs- und Heilwert von Gelée Royale erklärt, weshalb die Produktion in den letzten Jahrzehnten stark zugenommen hat. Freilich sind die wenigsten Imker in der Lage, größere Mengen auf den Markt zu bringen, denn das wenige, das ein Bienenstock für die Fütterung seiner Larven und seiner Königin herstellt, darf nicht entnommen werden. Die Produktion von Gelée Royale ist ein aufwendiges und mühsames Unterfangen, das nur spezialisierte Imker in eigens zu diesem Zweck eingerichteten Labors durchführen können.
In zwei Fällen bauen die Bienen Königinnenzellen: wenn die Königin stirbt und wenn das Volk zu groß wird und die Königin sich anschickt, mit einem Teil der Bienen, einem Schwarm, auszuziehen.
In den Stunden nach dem Tod der Königin oder dem Auszug des Schwarms bauen die Stockbienen zahlreiche Königinzellen, indem sie

die mit zwei Tage alten Larven besetzten Brutzellen vergrößern. Die Ammen füttern sie weiterhin mit Gelée Royale, bis zur Deckelung der »erwählten« Zellen, die künftige Königinnen beherbergen. Allerdings wird nur eine Larve zur Königin, die sämtliche Rivalinnen ausmerzt.
Das Prinzip der »industriellen« Gelée-Royale-Produktion besteht darin, einem Stock die Königin wegzunehmen und neben der Brut einen Rahmen mit etwa fünfzig vorgefertigten Königinzellen aufzustellen; junge Arbeiterinnenlarven werden, acht bis 24 Stunden, nachdem sie geschlüpft sind, vom Imker aus ihren Brutzellen genommen und in Königinnenzellen verlegt, die in besonderen Rähmchen untergebracht sind und sich so leicht herausnehmen lassen. Jede dieser neuen Zellen wird mit einem Tropfen Weiselfuttersaft versorgt. Die Ammenbienen nehmen sich daraufhin der neuen Zellen an und ziehen die Maden wie künftige Königinnen auf: jede Zelle erhält erhebliche Mengen Gelée Royale. Nach drei Tagen enthält jede Königinnenzelle die maximale Menge an Weiselfuttersaft. Der Imker nimmt den Rahmen wieder heraus und schneidet die Waben mit einem scharfen, heißen Messer mit dünner Klinge bis zur Höhe des darin enthaltenen Futtersafts auf, entfernt die Larven und entnimmt das Tröpfchen Gelée Royale von Hand mit einem winzigen Löffel oder durch Vakuumabsaugung. Die Ausbeute beträgt ungefähr 200 Milligramm Gelée Royale pro Zelle. Um nur 500 Gramm Gelée Royale zu erhalten, müssen mehr als tausend drei Tage alte Königinnenzellen sehr sorgfältig und unter großem Zeitaufwand bearbeitet werden.
Der auf diese Weise gewonnene Futtersaft wird sofort filtriert, damit er völlig rein ist. Dies muß schnell geschehen, denn Untersuchungen belegen, daß der Nährwert beständig abnimmt.
Das Einsetzen von vorgefertigten Königinnenzellen in einen verwaisten Stock ist die einzig rentable Technik, um vermarktbares Gelée Royale zu gewinnen. Nach der Ernte wird der Futtersaft bei niedriger Temperatur (weniger als 10°C) gelagert, um die Wirksamkeit der Inhaltsstoffe zu erhalten. Reines Gelée Royale kann bis zu 18 Monate aufbewahrt werden, sofern die Lagertemperatur niemals 10°C übersteigt. Im reinen Zustand läßt es sich jedoch nicht in den Handel bringen – nachdem die Kühlung nicht unterbrochen werden darf, wären der Transport und die Lagerung zu problematisch. Deshalb wird Gelée Royale häufig gefriergetrocknet oder aber mit Honig vermischt (in der

Regel mit flüssigem Honig, wobei sich Akazienhonig besonders gut eignet); in Reformhäusern und Naturkostläden wird Gelée Royale meist in einer Dosierung von 3 Gramm auf 125 Gramm Honig verkauft. In dieser Form hält sich Gelée Royale ohne weiteres bis zu eineinhalb Jahren. Es kann leicht transportiert, gelagert und verkauft werden, muß allerdings lichtgeschützt verpackt sein.

Die chemische Zusammensetzung

Gelée Royale wird direkt von den Arbeiterinnen an die Königin verfüttert, weshalb die Imker selbst in der Regel nicht in der Lage sind, den Weiselfuttersaft näher zu untersuchen. Doch in letzter Zeit wurden etliche Erkenntnisse über seine Zusammensetzung gewonnen.
Der nährstoffreiche Weiselfuttersaft wird von den Ammenbienen zwischen dem dritten und dem elften Lebenstag ausgeschieden; während dieser Zeit ernähren sich die Ammen mit unverhältnismäßig großen Mengen Pollen und Honig: wahrscheinlich liegt darin die Ursache für den hohen Gehalt an Hormonen und Eiweiß.

Was enthält Gelée Royale?

Gelée Royale ist blaßgelb und riecht streng und stechend, ähnlich wie Karbolsäure, schmeckt säuerlich und ist von gelatineähnlicher Konsistenz. Es ist reich an Eiweiß, Fetten und fettartigen Stoffen. Außerdem konnten zahlreiche natürliche Hormone, große Mengen an Vitamin A, C und E und der Vitamin-B-Komplex einschließlich Thiamin, Riboflavin, Pyridoxin, Niacin, Pantothensäure, Biotin, Inositol und Folsäure nachgewiesen werden. Der Weiselfuttersaft enthält 18 Aminosäuren, darunter besonders Cystin, Lysin und Arginin, essentielle Fettsäuren, Phosphorverbindungen und daneben Acetylcholin, einen Botenstoff des Nervensystems, der verantwortlich ist für die Entwicklung des Gehirns und des Gedächtnisses. Außerdem enthält er die Nukleinsäuren DNS (Desoxyribonukleinsäure) und RNS (Ribonukleinsäure), Träger der genetischen Information bei allen Lebewesen, sowie Gelatine, eine der Vorstufen von Collagen.
Auch Gammaglobulin ist in großer Menge enthalten, eine Substanz,

die entzündungshemmend wirkt und das Immunsystem anregt, außerdem Dekansäure, die die körpereigene Abwehr gegen schädliche Bakterien und Pilze unterstützt und selbst antibiotisch wirkt.

Was sagen Ärzte über Gelée Royale?

Dr. James F. Balch, Urologe und Mitglied der amerikanischen Akademie für Chirurgie, sagt über Gelée Royale:

> »Gelée Royale ist der zähe, milchige Saft, den die sechs bis zwölf Tage alten Arbeitsbienen in ihren Schlunddrüsen produzieren und mit Pollen und Honig vermengt absondern.
> Natürlicher Weiselfuttersaft enthält den gesamten Vitamin-B-Komplex einschließlich Pantothensäure (B_5) und Pyridoxin (B_6) und gilt als einzige natürliche Quelle von Acetylcholin. Außerdem enthält er Mineralien, die Vitamine A, C, D und E, Enzyme, Hormone, 18 der 25 bekannten Aminosäuren sowie antibakterielle und antibiotische Inhaltsstoffe.
> Nur in Verbindung mit Honig bleibt die Wirkung dieser Substanzen erhalten.
> Gelée Royale hilft bei Asthma, Leberbeschwerden, Bauchspeicheldrüsenentzündung, Schlaflosigkeit, Magengeschwüren, Nierenbeschwerden, Knochenbrüchen und Hautproblemen. Außerdem stärkt es das Immunsystem. Die Substanz verdirbt leicht und sollte deshalb kühl und gut verschlossen aufbewahrt werden.«

Der naturheilkundlich erfahrene Arzt und Autor von *Der Naturarzt*, Dr. Alfred Vogel, kann aufgrund eigener Beobachtungen die positive Wirkung von Gelée Royale empfehlen:

> »Nur wenige wissen, daß das geschäftige Leben einer Arbeitsbiene nur etwa 36 Tage dauert. Genausowenig ist bekannt, daß aus *jeder* befruchteten Eizelle eine Königin schlüpfen kann, wenn die Larven nur entsprechend gefüttert werden. Ein rätselhaftes Wunder der Natur.
> Königinnen sind nicht nur wesentlich größer als Arbeitsbienen, son-

dern, weitaus wichtiger, sie leben auch etwa 60mal länger. Für Larven, die zu Königinnen bestimmt sind, produzieren Arbeiterinnen nämlich einen ganz besonderen Futtersaft. Obwohl dieses Phänomen wissenschaftlich schon eingehend untersucht wurde, konnte es noch nicht völlig geklärt werden: einige Inhaltsstoffe von Gelée Royale sind bis heute unbekannt.
Vielleicht wußte man im Altertum mehr über die in vielen Schriften erwähnte ›Wundernahrung‹, häufig auch ›Ambrosia‹ oder ›Nektar‹ genannt. Wir können annehmen, daß mit diesen Bezeichnungen das heutige ›Gelée Royale‹ gemeint ist.
Leider aber können wir nur spekulieren, wie dieses ›Ambrosia‹ gewonnen wurde, da schriftliche Hinweise fehlen. Zweifellos besitzt Gelée Royale höchsten biologischen Wert, da es der Königin ermöglicht, nach einer einzigen Befruchtung täglich bis zu 2000 Eier abzulegen. Tatsächlich ist diese erstaunliche biologische Errungenschaft in der Natur bisher einzigartig.
In sehr vielen Veröffentlichungen, darunter auch wissenschaftlichen, wurde dem Gelée Royale schon große Aufmerksamkeit gewidmet. Natürlich ist diese Propaganda häufig nicht mehr als klug getarnte Werbung – jeder Anbieter macht sich eben für die Qualität des eigenen Produkts stark.
Andererseits zeigen solche Bemühungen, wie groß auch die Nachfrage bei der Bevölkerung nach biologisch sicheren und natürlichen Mitteln ist, im Gegensatz zu synthetischen oder chemischen Produkten.
Bislang ist ungeklärt, wie die Bienen Gelée Royale produzieren. Wir können nicht mehr sagen, als daß sie offensichtlich den nötigen Instinkt zur Herstellung dieser komplizierten Substanz aus einfachen natürlichen Rohstoffen besitzen. Das Ergebnis jedenfalls bestätigt die Wahrheit der Forderung, daß Nahrung Medizin sein sollte und umgekehrt.
Vor einigen Jahren war der Presse zu entnehmen, daß sich der Papst von einer schweren Krankheit erholt habe, nachdem ihm von seinem persönlichen Arzt Gelée Royale verordnet worden war. Außerdem kam vor Jahren schon Dr. Paul Niehans, ein bekannter Endokrinologe und Spezialist für Frischzellentherapie, zu dem Ergebnis, daß Gelée Royale das Hormonsystem auf ähnliche Weise anregt wie

gespritzte Frischzellen. Diese Beobachtungen legen nahe, daß Gelée Royale in Zukunft noch mehr Aufmerksamkeit geschenkt werden sollte.

Schon 1956, auf dem zweiten Internationalen Kongreß für Biogenetik in Baden-Baden, waren die Untersuchungen über Gelée Royale häufiges Vortragsthema. Später veröffentlichte Professor Belvefer aus Paris zahlreiche Artikel über seine jahrzehntelange Forschung über Gelée Royale. Erstaunlicherweise bestätigen seine Ergebnisse die Resultate vieler anderer Wissenschaftler; beispielsweise die Tatsache, daß die Bienenkönigin dank ihrer ›Supernahrung‹ pro Jahr 300000 bis 450000 Eier legen kann. Eine solche Leistung erbringt kein anderes Geschöpf dieser Erde. Weiteren Berichten zufolge wirkt Gelée Royale verjüngend und revitalisierend, weil es die Hormondrüsen anregt, und ist besonders bei Kindern ein bewährtes Mittel gegen Keuchhusten und Asthma. Außerdem entwickelten Kinder mit einem schlechten Allgemeinbefinden nach Einnahme von Gelée Royale einen besseren Appetit.

Die wohltuende Wirkung von Gelée Royale zeigt sich bei Bronchitis, Migräne, Magen- und Gallenblasenbeschwerden, Verdauungsstörungen und schwachen Nerven sowie bei Müdigkeit infolge einer Drüsenunterfunktion. Bei diesen und vielen anderen Beschwerden verschafft die regelmäßige Einnahme von Gelée Royale Erleichterung oder führt sogar zur Heilung.

Menschen mit einer Disposition für Krebs können zur Krankheitsprophylaxe regelmäßig Gelée Royale einnehmen. Zu den Mahlzeiten eingenommen oder mit Honig und Wasser zu einem Massagegel verarbeitet, zeigt Gelée Royale eine positive Wirkung auf die Haut.«

Die Kraftnahrung aus dem Bienenstock wird von vielen für ihre verjüngenden und heilenden Eigenschaften gepriesen. Legenden berichten von orientalischen Machthabern, die bei täglicher Einnahme von Gelée Royale wieder jugendliche Kräfte erlangt und ein außergewöhnlich hohes Alter erreicht haben sollen. Diese Legenden gehen auf die Annahme zurück, daß Gelée Royale bestimmte Stoffe enthält, die mehr vermögen, als nur Jugend und Lebensspanne zu verlangern, und diese Annahme wiederum stützt sich auf eine wissenschaftliche Tatsache: nämlich die Existenz der Bienenkönigin selbst. Untersuchungen deuten darauf hin, daß die Legenden vom »Jungbrunnen« einen wahren Kern haben. Nachfolgend deshalb einige Berichte von Medizinern:

Frankreich

Die folgenden Auszüge stammen aus dem Artikel »Biologie, Biochemie und die therapeutische Wirkung von Gelée Royale in der Humanpathologie« von Dr. A. Saenz vom Pasteur-Institut:

> »Täglich lernt der Mensch neue Behandlungsweisen kennen, um gegen das Altern und gegen Krankheiten anzukämpfen, die von seinem Beginn an sein biologisches Gleichgewicht bedrohen. Zahlreiche physikalische, chemische und pharmakologische Eigenschaften von Gelée Royale sowie eine eingehende bakteriologische Analyse bestätigen die Reinheit der verschiedenen darin enthaltenen Inhaltsstoffe. Der Einsatz von Gelée Royale hat sich mittlerweile weit verbreitet und wird auch in Zukunft immer mehr Wissenschaftler, Biologen und Ärzte beschäftigen.«

Die Vitamine in Gelée Royale

Dr. Saenz schreibt, daß »alle wasserlöslichen Vitamine des B-Komplexes in Gelée Royale enthalten [sind]. Die Vitamin-B-Gruppe ist primär an der Zellatmung und dem Stoffwechsel von Kohlenhydraten, Fett und Eiweiß beteiligt.« Die einzelnen Vitamine und ihre heilenden Eigenschaften beschreibt er wie folgt:

- **Thiamin (B_1):** Hilft bei Nervenentzündung und Nervenschwäche und wirkt ausgleichend auf das Zentralnervensystem.
- **Riboflavin (B_2):** Belebt die Haut und beseitigt kleine Fältchen; verbessert krankhafte Zungenveränderungen, z. B. Risse in der Zunge, und verhindert Muskelkrämpfe.
- **Pyridoxin (B_6):** Verhindert Gehirnverhärtung (Cerebralsklerose) und Muskelschwäche besonders bei alten Menschen. B_6-Gaben zeigen oral und gespritzt gute Erfolge.
- **Niacin:** In großen Mengen in Gelée Royale nachgewiesen, wirkt dieser Stoff überwiegend entspannend auf die Blutgefäße und eignet sich daher bei Durchblutungsstörungen der Extremitäten und des

Gehirns, wie sie häufig bei älteren Menschen auftreten. Dank der schnellen Wirkung von Niacin kann Sauerstoffmangel in den betroffenen Körperteilen vermieden werden. Psychiater beobachteten die positive Wirkung von Niacin auf Alzheimer-Patienten und verordnen es inzwischen prophylaktisch.

- **Biotin:** Dieser wichtige Nährstoff spielt eine wesentliche Rolle bei der Zellbefruchtung, der Zellteilung und dem Kohlenhydrat- und Fettstoffwechsel.
- **Inositol:** Wachstums- und Schutzfaktor für die Leber. Inositol verhindert die Bildung einer »Fettleber« und schützt vor Leberzirrhose, scheint aber auch bestimmte anti-arteriosklerotische Eigenschaften zu besitzen. Es begünstigt die Synthese von Phospholipiden und baut Cholesterin ab, so daß sich keine Schadstoffe in die Wände der Blutgefäße einlagern können. Mit Inositol bleiben die Blutgefäße so elastisch und durchlässig wie in der Jugend. Inositol vermehrt den veresterten Anteil von Blutcholesterin auf Kosten des freien Anteils und vermindert so die Ablagerung von Cholesterin an den Innenwänden der Butgefäße.
- **Pantothensäure:** Manche Wissenschaftler sehen in ihr den »Langlebigkeitsfaktor«. Pantothensäure wirkt als Katalysator bei der Nährstoffaufnahme, wirkt unmittelbar auf Haut, Haare und Schleimhäute und erhöht die Widerstandskraft bei Infektionen. In Tierversuchen konnte die Lebensdauer einzelner Tiere deutlich verlängert werden, wenn sie mit dem Futter Pantothensäure erhielten.

Krampfadern

Aus klinischer Sicht erzielte die Behandlung mit Gelée Royale ausgezeichnete Ergebnisse. Eine deutliche Besserung trat auch bei arterieller Verschlußkrankheit ein.

Leistungsschwäche

Eine Therapie mit Gelée Royale steigert das Leistungsvermögen bei mangelhafter Ernährung und nach schwerer Krankheit, aber auch bei Streß und körperlicher oder geistiger Erschöpfung, wie sie für unseren Alltag typisch sind.

Sexuelle Störungen

Bei Verlust der sexuellen Libido oder bei Hormonstörungen kann Gelée Royale in Verbindung mit klassischen Therapieformen über seine Wirkung auf die Nebennierenrinde schnell den ursprünglich normalen Zustand herbeiführen.

Kinderheilkunde

Bei stark unterernährten Säuglingen führt die Behandlung mit Gelée Royale zu einer deutlichen Gewichtszunahme und verbessertem Allgemeinbefinden. Manche Ärzte empfehlen Gelée Royale als Bestandteil einer biologischen Therapie bei Kindern. Verschiedene klinische Studien belegen die positive Wirkung von Gelée Royale bei schwerer kindlicher Unterernährung: nach Gelée-Royale-Gaben nahmen die Kinder schnell an Gewicht zu, und ihr Ernährungszustand verbesserte sich deutlich. Dieselbe Wirkung konnte bei erwachsenen Rekonvaleszenten beobachtet werden.

Psychiatrie

Gelée Royale wirkt ähnlich anregend wie Amphetamine, ist jedoch ohne deren schädliche Nebenwirkungen. Es hilft bei psychischen Problemen wie Angstzuständen und Depressionen, Altersschwäche und bei Schockzuständen. In einigen Fällen konnte Gelée Royale sogar chronische Schlaflosigkeit heilen.

Magen-Darm-Beschwerden

Gelée Royale unterstützt die Behandlung von Magen- und Zwölffingerdarmgeschwüren. Besonders der Inhaltsstoff Pantothensäure schützt die Schleimhäute und führt zur Abheilung von Geschwüren.

Arthritis

Klinische Untersuchungen mit Gelée Royale deuten auf seine besondere Heilwirkung bei rheumatischen Erkrankungen hin.

Nervenleiden

Gelée Royale lieferte zufriedenstellende Ergebnisse bei der Behandlung der Parkinsonschen Krankheit, zum Beispiel ließ das für die Krankheit typische Zittern deutlich nach.

Hautkrankheiten

Gelée Royale hat keimtötende Wirkung und belebt gleichzeitig die Haut. Dermatologen verwenden den Weiselfuttersaft erfolgreich bei der Behandlung von Ekzemen, Neurodermitis und Impetigo (Schmutzflechte).

Auch bei Hautleiden, die infolge eines zu stark basischen pH-Werts der Haut auftreten, eignet sich die Behandlung mit Gelée Royale zur Wiederherstellung des natürlichen Säuremantels.

Die Ursachen für den großen Erfolg von Behandlungen mit Gelée Royale sind noch nicht vollständig geklärt. Ärzte sollten den Weiselfuttersaft vor allem zur Behandlung von Krankheiten einsetzen, die im Zusammenhang mit Störungen des Lipoproteinstoffwechsels auftreten, da der Futtersaft den einfachen Stoffwechsel anregt und die Versorgung der Zellen mit Sauerstoff um 38 Prozent steigert.

In biologischer Hinsicht überrascht auch die im Vergleich zu menschlichem Blutplasma extrem hohe Konzentration der Inhaltsstoffe. Wahrscheinlich beruht der erstaunlich große Heilerfolg von Gelée Royale auf diesen Stoffen und den von ihnen eingegangenen Bindungen, die sich gegenseitig in ihrer therapeutischen Wirkung unterstützen: »Gelée Royale ermöglicht Ihnen, Ihr biologisches Gleichgewicht wiederzuerlangen und dem Alter optimistisch und gelassen entgegenzublicken. Die Natur hat mit Gelée Royale ein Allheilmittel geschaffen, nicht nur für ältere Menschen, sondern auch für diejenigen, die die Grenzen des sogenannten ›natürlichen Alterns‹ hinauszögern wollen«, schreibt Dr. Saenz.

Die Ärzte J.R. Lamberti und L.G. Cornejo berichten über Gammaglobulin und andere Substanzen in Gelée Royale, die den Prozeß des Alterns verlangsamen.

Gammaglobulin ist ein Protein, das im Blut gebildet wird und der Immunabwehr dient.

»Nach verschiedenen biochemischen Analysen und klinisch-therapeutischen Untersuchungen konnten wir in Gelée Royale ein Protein nachweisen, das gewöhnlich als Gammaglobulin bezeichnet wird. Wir entdeckten dieses Eiweiß, weil zahlreiche Patienten, die mit Gelée Royale behandelt wurden, eine deutlich höhere Resistenz gegenüber Viren und Bakterien entwickelten.
Die Bedeutung von Gammaglobulin als einem der wichtigsten Eiweißstoffe bei der Abwehr von Bakterien, Viren und anderen Körpergiften darf keinesfalls unterschätzt werden.«

Die verjüngende Wirkung von Gelée Royale

In ihrem Artikel schreiben Dr. Lamberti und Dr. Cornejo weiter, daß sie in Gelée Royale auch eine Aminosäure fanden, die hauptsächlich in der Stützfaser Collagen vorkommt. Collagen erhält die Elastizität der Blutgefäße, deren Erschlaffen charakteristisch für den Prozeß des Alterns ist. Menschen altern also über ihre Blutgefäße oder, wie neuere wissenschaftliche Studien behaupten, über den Abbau des Collagens. Aus diesem Grund ist es wichtig, das vorhandene Collagen zu erhalten und seine Neubildung anzuregen; bei dieser für den Körper wichtigsten Aufgabe hilft Gelée Royale, weil es Vitamine, Mineralien, Aminosäuren und Gammaglobulin enthält.
Injektionen mit Gelée Royale scheinen den Prozeß des Alterns zu verlangsamen, da besonders Gammaglobulin und die Bausteine für Collagen direkt ins Blut übergehen und dessen chemische Zusammensetzung verbessern. Bei zahlreichen Untersuchungen zeigten sich deutlich verbesserte körpereigene Schutzmechanismen und eine vermehrte Zellaktivität.
Dr. Lamberti und Dr. Cornejo kommen zu dem Schluß, daß »die gewonnenen Ergebnisse mit gespritztem Gelée Royale besonders bei Kranken vielversprechend und ermutigend sind. Mit dem Nachweis von Gammaglobulin und dem entscheidenden Baustein für Collagen in Gelée Royale gelang ein medizinischer Durchbruch. Die Behandlung mit Gelee-Royale-Injektionen sollte als umfassende Therapieform besonders für ältere und gesundheitlich benachteiligte Menschen weiter untersucht werden.«

Bosnien

In ihrem Artikel über den klinischen Wert von Gelée Royale und Propolis bei Virusinfektionen treten die Ärzte Dr. B. Filipic und Dr. M. Likvar von der Universität Sarajevo für antivirale Substanzen natürlichen Ursprungs ein, da »diese für lebende Zellen oder Organismen ungiftig sind und im schlimmsten Fall nur wirkungslos bleiben können«.

> »Unter den natürlichen antiviralen Substanzen befinden sich selbstverständlich die Bienenprodukte Gelée Royale und Propolis, die klinisch auch deutlich antibakterielle Wirkung zeigen. Interferon ist das beste natürliche Heilmittel gegen Viren – es wirkt bei Herpes, Grippe und Kuhpocken.«

Die beiden Ärzte behandelten zahlreiche Patienten mit Gelée Royale, die an Viruserkrankungen litten (zum Beispiel Grippe). Fast allen konnte geholfen werden, da Gelée Royale, zumal in Verbindung mit Propolis, das Immunsystem stärkt und erfolgreich Viren abwehrt.

Kanada

Die wichtigsten Ergebnisse, die ein aus drei namhaften kanadischen Universitäten gebildetes Expertenteam in seinem gemeinsamen Artikel »Aktivität der 10-Hydroxydekansäure aus Gelée Royale gegen Leukämie und Bauchhöhlentumoren« vorstellte, sind im folgenden kurz zusammengefaßt:

> »Im Rahmen einer langjährigen Studie über die biologischen und chemischen Eigenschaften von Gelée Royale untersuchten wir auch seine mögliche Wirkung auf Tumoren. Spritzt man Mäusen eine Mischung aus Gelée Royale und Tumorzellen, verlieren die Tumorzellen ihre Ansteckungsgefahr, so daß sich weder Leukämie noch Bauchhöhlentumoren entwickeln können. Eingehendere Studien zeigten, daß eine der wesentlichen Fettsäuren in Gelée Royale – 10-Hydroxydekansäure (10-HDS) – für die tumorverhindernde Wirkung verantwortlich ist.

> 30 mg frisches Gelée Royale oder 1,5 mg 10-Hydroxydekansäure pro ml Zellsuspension verhinderten vollständig die Entstehung von übertragbarer Leukämie bei Mäusen. Diese Wirkung konnte nur erzielt werden, wenn die Tumorzellen vor der Injektion mit dem Wirkstoff geimpft waren. Nachdem die Mäuse bereits Tumoren entwikkelt hatten oder bei getrenntem Spritzen von Tumorzellen und Wirkstoff gewährleistete Gelée Royale bisher jedoch keinen wirkungsvollen Schutz.«

Diese Untersuchungen legen nahe, daß einzelne Wirkstoffe in Gelée Royale Tumorzellen schädigen und vor Krebs schützen. Der Wirkstoff 10-HDS ist eine langkettige Carboxylsäure aus der Gruppe der Steroide und wahrscheinlich für die außergewöhnliche Größe und Fruchtbarkeit der Bienenkönigin verantwortlich. Es konnte nachgewiesen werden, daß dieser Wirkstoff neben antibakteriellen und antibiotischen auch antikanzerogene (krebsverhindernde) Eigenschaften besitzt.

Israel

Seinen Artikel über »Die Wirkung von Gelée Royale auf nachlassende Sehschärfe« beginnt Dr. Ch. Kalman aus Israel mit einer Warnung:

> »Der Stoffwechsel des Menschen ist äußerst kompliziert. Schon der Mangel eines Millionstel irgendeines Spurenelements kann Unwohlsein oder eine ernsthafte Krankheit auslösen.
>
> Ich habe einmal einem Patienten, der um frisches Gelée Royale gebeten hatte, ein zehntel Gramm (100 mg) für drei Wochen verordnet, ohne den Grund seines Wunsches zu kennen. Nach einer Woche erschien der Patient und erzählte mir hocherfreut, daß er wieder sehen könne. Wie ich weiter erfuhr, befand er sich in der Behandlung bei einem Augenarzt, der jedoch keine äußeren Anzeichen für ein Augenleiden entdecken konnte. Dennoch empfahl der Arzt ihm Gelée Royale – er hatte in einer medizinischen Zeitschrift darüber gelesen.
>
> Einige Zeit später hielt ich einen Vortrag über die ernährungsphysiologischen und medizinischen Vorteile von Bienenprodukten; dar-

aufhin erschien ein Patient bei mir, der sich über »unscharfes und verschwommenes Sehen« beklagte. Auch er bat mich um Gelée Royale, und ich verschrieb es ihm. Zwei Wochen später konnte er wieder scharf sehen und fühlte sich deshalb sicherer und ruhiger.
Beide Männer waren relativ jung, der eine 35 und der andere 45 Jahre. Ich bin davon überzeugt, daß beiden ein essentieller Nährstoff fehlte, der in Gelée Royale enthalten sein muß. Es ist erstaunlich, daß eine so geringe Menge Gelée Royale und eine so kurze Therapiezeit ausreichten, um die nahrungsbedingten Mangelerscheinungen dieser Patienten zu beheben und ihr Sehvermögen wiederherzustellen.
Anscheinend ist der komplizierte Stoffwechsel des Menschen manchmal schon durch wenige Milligramm in seiner Funktionsfähigkeit wiederherzustellen.
Zum allgemeinen Nutzen der Menschheit sollte deshalb die Wirkung von Gelée Royale auf das Sehvermögen unter klinisch kontrollierten Bedingungen untersucht werden.«

Deutschland

Dr. Hans Weitgasser schreibt in seinem Artikel über »Gelée Royale in der Hautkosmetik« folgendes:

»Als Gesichtsmaske, Creme oder Körpermilch aufgetragen, entfaltet Gelée Royale auf zellulärer Ebene eine erstaunliche dermatologische Wirkung. Bei regelmäßiger Anwendung wird die Haut weich, Fältchen verschwinden. Bei Strahlenschäden auf der Haut wirkt eine Salbe aus Gelée Royale heilend, so daß die Symptome bald verschwinden.
Nach Dr. Elfriede Kerschbaumer fördert Gelée Royale das Wachstum unterentwickelter Brüste, regt die Durchblutung an und hilft bei Depressionen und Erschöpfungszuständen. Bei Patienten mit starkem Haarausfall oder Glatze konnte Gelée Royale den Haarwuchs anregen.
90 Prozent von Dr. Kerschbaumers Patienten mit übermäßiger Talgproduktion, trockener, fleckiger Haut oder auffallender Pigmentierung an Handflächen und Fußsohlen, übermäßiger Schweißabsonderung, Haarausfall, Erschöpfung, schlaffer Haut (Gewebe, Mus-

keln, Brüste), geschwollenen Beinen, Verdauungsstörungen, Fettleibigkeit (Patienten konnten ohne Diät und Sport pro Woche ein Pfund abnehmen), Gedächtnis- und Konzentrationsschwäche und Schlaflosigkeit reagierten positiv auf eine Behandlung mit Gelée Royale.

Der Weiselfuttersaft half gegen Nervosität und Depressionen, regte ohne Nebenwirkungen den gesunden Haarwuchs an und förderte die Durchblutung. Ohne Ausnahme fühlten sich alle Patienten besser.

Bei einem 48jährigen Patienten mit Störungen des vegetativen Nervensystems, die sich durch Impotenz, Depressionen und Konzentrationsmangel bemerkbar machten, blieben herkömmliche Mittel wirkungslos. Die Therapie wurde auf drei Tropfen Gelée Royale in etwas Wasser dreimal täglich umgestellt, und schon nach drei Wochen verschwanden die beschriebenen Symptome. Gelée Royale normalisiert das Sexualverlangen bei Frauen und Männern, da es den Androgenspiegel bei Männern und den Östrogenspiegel bei Frauen erhöht.

Ein anderer, 21jähriger Patient litt unter Haarausfall und diffusen Kopfschmerzen. Bei einer Therapie mit 15 Tropfen Gelée Royale dreimal täglich und 2- bis 15minütigen Wärmebestrahlungen ließen die Kopfschmerzen nach 14 Tagen nach, und nach drei Monaten begann das Haar nachzuwachsen.

Abschließend die Geschichte einer 26jährigen Patientin, die unter übermäßiger Talgproduktion im Gesicht und unter zu kleinen Brüsten litt. Zu ihren Beschwerden zählten außerdem Schlaflosigkeit, Konzentrationsstörungen, Schweißausbrüche und Depressionen. Sie erhielt täglich fünf Ampullen Gelée Royale und eine Gelée-Royale-Salbe für Gesicht und Brüste. Schon nach dem ersten Behandlungstag schlief sie besser, und nach vier Tagen verschwanden die Depressionen, Schweißausbrüche und die Konzentrationsstörungen. Nach vier Wochen hatte ihr Brustumfang um vier Zentimeter zugenommen, und nach acht Wochen waren alle Symptome abgeklungen. Die größeren Brüste blieben.«

Die zahlreichen Beispiele zeigen uns, daß Wissenschaftler weltweit die Vorzüge von Bienenprodukten erkannt haben. Doch bevor wir noch einen Blick auf die USA werfen, sollte der Beitrag von Dr. H.W. Schmidt vor der Deutschen Ärztevereinigung zum Thema »Gelée Royale in der Diät, zur Prophylaxe und Therapie« Beachtung finden:

> »Die in Gelée Royale enthaltenen aktiven Substanzen und Nährstoffe wirken regulierend auf den Körper und seinen Stoffwechsel. Beobachtungen und Untersuchungen des Weiselfuttersaftes ergaben, daß er wertvolle Hormone, Nährstoffe und Biokatalysatoren enthält, die den Zellstoffwechsel, die Drüsenfunktion und den Kreislauf anregen und beleben.
> Kurz zusammengefaßt, beeinflussen die verschiedensten Wechselwirkungen unter den Inhaltsstoffen von Gelée Royale positiv Vitalität und Körperkraft, verzögern den Prozeß des Alterns und erhalten die jugendliche Fitneß des Körpers, geistige Beweglichkeit und psychische Heiterkeit.«

Vereinigte Staaten

Behandlung bei Erschöpfungszuständen
Dr. E. Oliveto aus Nebraska empfiehlt Gelée Royale Patienten mit chronischen Erschöpfungszuständen und nervösen Magenbeschwerden, da der Futtersaft beruhigend auf den Magen-Darm-Bereich wirkt. Die meisten Patienten fühlen sich schon nach einem Monat wesentlich besser. Aufgrund der entzündungshemmenden Wirkung von Gelée Royale behandelt Dr. Oliveto seine eigenen Allergien ebenfalls mit Weiselfuttersaft.

Quelle der Jugend
Der Ernährungswissenschaftler Steve Choi berichtet über die Heilwirkung von Gelée Royale folgendes:

> »Gelée Royale soll die Zellen regenerieren, den Prozeß des Alterns verlangsamen, die Abwehrkräfte gegen Krankheiten steigern, die Haut straffen und üppigen Haarwuchs anregen. Es hilft auch bei verschiedenen Hautproblemen wie trockener, spröder Haut und Akne.

Gelée Royale regt die Nebennierenfunktion und den Stoffwechsel an, verleiht Energie, läßt Müdigkeit vergessen und belebt die sexuelle Potenz. Es ist als Honigmischpräparat, in Form von Kapseln und Tabletten oder frisch gekühlt erhältlich.
Frisches Gelée Royale ist zwar preislich am günstigsten, wird jedoch an der Luft, im Licht und bei Zimmertemperatur schnell ranzig. Außerdem hat das frische Gelée Royale einen unangenehm beißenden Geschmack. Unter praktischen Gesichtspunkten ist gefriergetrocknetes Gelée Royale die beste Darreichungsform. Dieses Verfahren entzieht ihm nur Wasser und überführt es so in eine sehr stabile, transportfähige und leicht zu handhabende Form. Außerdem ist der Nährstoffgehalt von frischem und gefriergetrocknetem Gelée Royale nahezu identisch. Die Dosierung schwankt je nach Art der zu behandelnden Störung und kann bei manchen Patienten zwischen 100 und 2000 mg zwei- bis dreimal täglich liegen.«

Schlußwort

Die verblüffende Welt der Bienen und Bienenprodukte

Bienenprodukte sind also erwiesenermaßen von therapeutischem Nutzen, bieten eine ausgezeichnete Nährstoffquelle und sind gesund. Außerdem gehören sie zu den umweltverträglichsten Nahrungsmitteln überhaupt. Deshalb wollen wir die verblüffenden Entdeckungen über Bienen und ihre Produkte noch einmal im Überblick zusammenfassen:

- Bienen sind umweltfreundlich, sie produzieren weder Schmutz noch Müll, im Gegenteil: sie verbessern indirekt den Boden, denn die insektenbestäubten Pflanzen liefern im Unterschied zu den windbestäubten Nährhumus. Sie erfordern keine bestimmte Bodennutzung. Sie spielen eine ausschlaggebende Rolle bei der Vermehrung der blütentragenden Pflanzen – mehr als die Hälfte aller Pflanzen auf der Erde würde ohne die Bestäubung durch Bienen und andere Insekten nicht existieren, es gäbe keinen einzigen Obstbaum.
- Bienenprodukte sind »verbraucherfreundlich«. Obwohl jeder Bienenstock um einen Teil seines Ertrags »beraubt« wird, bleibt immer genug für das Bienenvolk übrig – man schlachtet nicht das Huhn, das goldene Eier legt. Der Mensch hat gelernt, Bienen zum gegenseitigen Nutzen zu kultivieren. Bienenprodukte müssen nicht an Versuchstieren erprobt werden, sondern werden sogar ergänzend der Tiernahrung beigemischt – zum Beispiel Pollen oder Gelée Royale. Propolis wurde schon als Wundversorgung bei verletzten Haustieren eingesetzt, um die Heilung zu beschleunigen.
- Pollen gehört zu den vollwertigsten Nahrungsmitteln, die die Natur zu bieten hat. Pollen kann verjüngend wirken. Es ist das »Brot der Bienen« und die Hauptnahrung für das Bienenvolk. Pollen wird von den Staubgefäßen der Blütenpflanzen gesammelt und ist reich an pflanzlichem Eiweiß und Aminosäuren, Vitaminen, Enzymen und Koenzymen, Kohlenhydraten und essentiellen Fettsäuren – aber enthält nur wenig Fett und Kalorien. Die Natur bietet die Inhaltsstoffe von Pollen in einem ausgewogenen Verhältnis an, weshalb

Pollen vom menschlichen Organismus leicht aufgenommen und verarbeitet wird.

- Gelée Royale zählt zu den konzentriertesten Nahrungsmitteln der Natur. Spricht man bei Pollen vom »Bienenbrot«, so ist das perlmuttfarbene, klebrige Gelée Royale, das in den Schlunddrüsen der Ammenbienen erzeugt wird, die »Milch«, die eine gewöhnliche Arbeiterinnenlarve zu einer Königin werden läßt. Die Königin wird ausschließlich mit Gelée Royale gefüttert, weshalb sie größer, fruchtbar und viel langlebiger (im Schnitt vier Jahre im Vergleich zu 40 Tagen) als ihre Schwestern ist.
- Propolis dient dem Bienenvolk als natürlicher Schutz gegen Mikroorganismen sowie als Bau- und Reparaturmaterial. Die Bienen stellen Propolis aus gesammeltem Baumharz her und überziehen das gesamte Innere des Bienenstocks damit, um ihren Bau gegen Krankheiten zu immunisieren: Propolis enthält bakterien-, pilz- und virenvernichtende Substanzen, die den Bienenstock zu einer der sterilsten Umgebungen überhaupt machen. Propolis enthält fünfhundertmal mehr Bioflavonoide als Orangen.

Dr. Paavo O. Airola, Naturarzt aus Arizona und Autor des Buches *Health Secrets from Europe* schreibt über Gesundheit aus dem Bienenstock:

Honig

»Honig ist das perfekte Nahrungsmittel. Er enthält viele Vitamine, besonders Vitamin C und den gesamten Vitamin-B-Komplex, der die Verdauung von Zucker und den Kohlenhydratstoffwechsel unterstützt. Hauptsächlich die dunkleren Honigsorten – beispielsweise von Buchen – enthalten außerdem die Mineralien Kalzium, Phosphor, Magnesium, Kalium, Silizium und viele andere. Der Vitamin-C-Gehalt schwankt stark, je nach Herkunft des Blütennektars. Manche Sorten enthalten bis zu 300 mg Vitamin C pro 100 g Honig.«

Dr. Airola fügt hinzu, daß die in Honig enthaltenen natürlichen Zucker leicht verdaulich sind, da sie bereits durch Enzyme aus dem Speichel-

saft der Bienen in eine körperverträgliche Form verwandelt wurden. Honig zählt trotz seines Gehalts an organischen Säuren (ähnlich den Fruchtsäuren) zu den Nahrungsmitteln, die im Körper eine basische Reaktion auslösen. Da durchschnittliche Mahlzeiten jedoch eher zuviel Säure produzieren, kann mit basischen Nahrungsmitteln eine übermäßige Säureproduktion vermieden werden.
Laut Dr. Airola hat Honig unter anderem folgende Wirkungen:

- Honig hält Kalzium im Körper zurück.
- Honig erhöht den Hämoglobingehalt des Bluts. Er enthält Eisen und Kupfer und kann so einer ernährungsbedingten Anämie vorbeugen oder eine bestehende Blutarmut beseitigen.
- Honig ist oft hilfreich bei rheumatischen und allergischen Beschwerden, vor allem in Verbindung mit Apfelessig, der reich an Kalium ist.
- Honig wurde zur Behandlung von Leber- und Nierenstörungen, Beschwerden der Atmungsorgane und des Verdauungstrakts, Herzschwäche, Infektionskrankheiten, Erkältungen, Schlaflosigkeit, zu niedrigem Blutdruck und schlechter Haut verordnet.
- Äußerliche Honiganwendungen beschleunigen den Heilungsprozeß von Geschwüren und Verletzungen. »Eine der besten antibakteriellen Substanzen der Natur und, mit Pollen verrührt, manchen Berichten zufolge ein geeignetes Mittel gegen Heuschnupfen und Allergien.«

Pollen

Hierzu bemerkt Dr. Airola: »Die meisten Wissenschaftler nehmen an, daß Pollen weitere, bisher unentdeckte Wirkstoffe enthält, die maßgeblich seinen prophylaktischen und therapeutischen Wert ausmachen.«
Es konnte gezeigt werden, daß Pollen die körpereigenen Abwehrkräfte stärkt, die Drüsenfunktion anregt und verjüngend wirkt.
Außerdem entdeckte Dr. Airola, daß Pollen Prostatabeschwerden, Hämorrhoiden und Verdauungsstörungen heilte. Pollen eignet sich besonders in Form von Tonikum zur Stärkung des Allgemeinbefindens, bei Nervenschwäche, chronischer Bronchitis und zur Behandlung der verschiedenen Altersbeschwerden.

Propolis

Dr. Airola erkannte in Propolis ein Mittel, das äußerst wirkungsvoll das Immunsystem anregt. Die pilz- und virenvernichtenden Eigenschaften des Bienenkittharzes unterstützen die körpereigene Abwehr gegen Umweltgifte und gegen das Altern.

Gelée Royale

Dr. Airola stellte fest, daß Gelée Royale bei Versuchspersonen zu verstärktem Wachstum und erhöhter Widerstandskraft gegenüber Krankheiten führte. »Gelée Royale vernichtet Bakterien und Viren, besonders Streptokokken, E. coli und Staphylokokken. Anderen Berichten zufolge beschleunigt Gelée Royale die Knochenbildung und Wundheilung um fast das Doppelte.«

Einheitlich ist man der Meinung, daß Gelée Royale die verschiedensten Organfunktionen anregt und sich positiv auf ihr Zusammenspiel auswirkt. Dr. Airola bestätigt, daß »sämtliche Bienenprodukte dank ihrer stimulierenden Wirkung auf alle lebenswichtigen Körperfunktionen verjüngen und vitalisieren. Die Wundermittel aus dem Bienenvolk halten die Menschheit gesund und länger jung – und das schon seit Jahrtausenden!«

Bienen zählen zu den ältesten Geschöpfen dieser Erde: schon seit 45 Millionen Jahren stellen sie eine Fülle gesunder Produkte her, die Sie jünger wirken und länger leben lassen. Vielleicht bescheren die Heilsubstanzen aus dem Volk dieser geflügelten Insekten auch Ihnen ein gesundes und sehr langes Leben.